小さな会社で
大きく稼ぐ!

最強のビジネスモデル

スモールビジネスクリエイター
中村裕昭

はじめに

本書を手に取っていただいた皆さんのなかには、既に経営者や事業主として、自分のビジネスを所有している人もいるでしょう。もしくは、これから自分でビジネスを立ち上げ、収益を上げていきたい、できれば、色々なしがらみから自らを解放し、自分らしく、心豊かな日々を送りたい、と考えている人もいると思います。あるいは、今のビジネス以外にもう一本の収入の柱を構築したいと考え、この本を選んだのかもしれません。

そうした方々にとって、本書は大きな力になると信じています。

なぜなら、本書でこれから教える『スモールビジネス構築』のスキルやノウハウは、実際に収益を生み出すだけでなく、**最小の労力で最大の結果を導き出し、さらに時間とお金に縛られない心豊かなライフスタイルを手にすることができる、究極のビジネス構築法**だからです。

スモールビジネスって何？　なぜ、時間とお金を手にできるの？　一般的な起業・経営術と何が違うの？　と思われた方は、詳しくは第1章をお読みください。

スモールビジネスというのは、ビジネススタイルのひとつですから、起業の仕方を学んだり、自社の収益を上げていくために本書を参考にしたい、というのは正しい選択です。

ただ、単純にそれだけを求めているのであれば、他の本でも十分です。おそらく皆さんは、そうした既存の本やセミナーでは教えてもらえなかった、もっと実践的で効果の高いノウハウを求めているのではないでしょうか。

例えば、このような悩みや問題はありませんか？


「お客さんのために、忙しく一生懸命働いているのに、資金繰りが大変だ」

「家族との時間よりも、仕事している時間の方が圧倒的に長いのを変えたい」

「流行のノウハウを学んでいるのに、思うような結果を出すことができない」

「起業や商売のネタを探しているが、商品やサービスの選び方がわからない」

「できる限りリスクを背負うことなく、結果を出していきたい」

「起業を考えているが、何から始めていいかわからない」

「そもそも、時間とお金に縛られない結果を出すビジネススタイルなんてあるの？」

実は、私も同じようなことで悩んでいた時期がありました。これらの悩みを解消するべく、先輩経営者や巷の専門家の話を聞いたりしましたが、ほとんど解決することはできませんでした。なぜなら、彼ら自身も悩んでいたり、どこかで聞きかじった古臭いノウハウを教えていたり、スモールビジネスには当てはまらない、次のような『常識』に囚われたビジネスをしているからです。

・会社は店舗数、売上げ、従業員など企業規模が大きいほど優れているという考え
・良い商品やサービスを提供すれば、お客さんは集まってくるという考え
・商売を軌道に乗せるには、時間をかけてじっくり認知してもらう必要があるという考え
・ひとりでも多くの人脈を構築し、そこからお客さんに結びつけるという考え
・中長期の事業計画を立て、毎月の数字を追いかけていくという考え

皆さんも、このようなことを耳にしたことがあるかもしれませんし、ビジネスをする以上は、緻密な事業計画を立て、売上げを上げて人材を沢山雇用し、ビジネスを拡大してい

くのが当たり前だ、と感じているかもしれません。しかし、スモールビジネスを手段として、結果を出していくには、完全にこれらとは異なります。

中長期の事業計画を立てるのは時間の無駄でしかありません。事業計画書は銀行などから融資を受けるためには必要ですが、ビジネスを構築する段階では一切必要ありません。商品やサービスを持たなくてもビジネスをスタートさせることすらあります。

「事業計画を立てずに、ビジネスを運営できるの？」
「商品がなくて、お客さんからどうやってお金をもらうの？」

おそらく、今まで起業や経営を学んだことのある人ほど、頭の中が疑問符でいっぱいになってしまうかもしれません。そういう人は、これまで学んだことは一度すべて忘れてください。

そして、これから起業を考えている人はラッキーです。最近急に増えだした、怪しげな起業コンサルタントや、勤めていた企業の肩書や学歴をかざして、もっともらしい話をする専門家から話を聞くのではなく、本書を読むことから始められるからです。本書さえあれば、無駄なお金や時間をかけることなく、確実に成果を出すための最短ルートで学べるため、むしろ色々経験している人よりも早く成長できて有利だといえます。

◆スモールビジネスは、これからの時代最強のビジネスモデルだ!

スモールビジネスというと、単に少人数で小さな商売をおこなうこと、と思う人がいるかもしれませんが、何か特定の業種に特化した話ではありません。どのような業種業態でも活用し応用できるスキルです。

つまり、**本書で教える『スモールビジネス』とは、ビジネスで収益を上げていきたい人たちにとって、もっとも効率的で効果の高い最強の手段を生み出すビジネスモデルである、**ということです。

さらに、私がお伝えするスモールビジネスの根幹には、時間とお金に縛られない心豊かなライフスタイルを手にする、というテーマがあります。そのために、ビジネスを自動化し、あなたの元からビジネスを手離れさせるスキル、考え方、ビジネスモデル構築法を詰め込んでいます。全て生の現場で培ってきたノウハウばかりなので、机上の空論や古い常識のそれと比べて、明らかな結果の違いに驚きを隠せないでしょう。

ビジネスは、多くの要素が組み合わさり構築されていきます。お伝えするスモールビジネスを知ることにより、確実に結果を出すためのビジネスモデルの作り方はもちろん、集客の方法、商品・サービスの見分け方、ビジネス自動化の流れ、さらにその次の展開まで……どれもが全て実証された、実践的なものです。

そのため、収益を最大化したい人や、セールスやマーケティングに悩んでいる人が読めば、ビジネスの大きなヒントを得ることができます。また、これから起業を考えている人が読めば、失敗しようのないビジネス構築の方法、マネタイズを仕組化するアウトソーシングの活用の仕方など大いに参考になることでしょう。さらに、**所有、展開、売却、資産家、引退、といったスモールビジネス構築後のネクストステージについてもお伝えしています。**

スモールビジネスとは、ただ、起業の方法や経営術を身に着けたい人が学ぶべきノウハウではなく、これからのビジネスにおいて、生き残るためにほとんどの人に必要なスキルなのです。

なぜなら、既に始まった人口減少や労働力不足、終身雇用の崩壊、年金制度崩壊にともなう老後不安、テクノロジーの進化による技術革新など、価値観や概念が目まぐるしく変わる世の中において、どんな状況からでもお金を稼ぎ出すスキルを高める方法こそが、自分の身を自分で守ることができる最高の武器となるからです。

ただし、ビジネスの根幹を正しく学び、結果を出していきたいのであれば、真の意味でスモールビジネスを理解し、実践している、その道の本物のプロから学ぶべきです。

私がこの本を書いた理由は、まさしくそこにあります。

なぜ、多くの人が一生懸命頑張っているのに、思うような結果を手にすることができないのか？　世の中には本当に驚くほど沢山のノウハウやテクニックが溢れています。にもかかわらず**多くの人がビジネスの悩みを抱えたままでいるのか、それは本当の意味でスモールビジネスについて語れる存在が、現在の日本にはほとんどいないからです。**

実践経験がほとんどない、どこかの養成講座や勉強会で学んだノウハウをそのまま使いまわす名ばかりコンサルタント、自らビジネスを構築したことの無い机上の理論だけを教える稼げないマーケッター、自己アピールすることばかり一生懸命なキラキラ起業家、スモールビジネスを全く理解せずに大企業の理論を振りかざす上場企業の元ＯＢ……。彼らから通り一遍の知識を学んでも、スモールビジネスというフィールドでは、はっきりいって結果を出すことはできません。

私は現在、放置自転車撤去事業のＦＣ本部、起業家・経営支援、インターネットメディア、講演講師・講師派遣及びセミナープロデュース、地方で頑張る個人事業と零細企業のためのデジタルシフト支援といった業務を、私とわずか２人のサポートスタッフで手掛けています。

最近まで約10年間運営していた着物リサイクル店は、立ち上げ後わずか３か月で地域一番店としたり、放置自転車撤去事業では業界トップの組織を全国に構築するなど、**全て自らが実践してきた経験と実績に裏打ちされたノウハウがあるからこそ、現在進行形のスモールビジネス構築法をお伝えできる**のです。

もちろん、複数の事業やサービスに携わっているからといって、寝る時間も無いほど忙しくしているかといえばそんなことはなく、お金や時間が理由で行動を制限されることのない日々を、30代半ばころから10年近く送ることができています。

私は何億円も稼ぎ出すようなビジネスを運営しているわけではありませんが、**誰かに何**

かを強制されることなく、自分の人生を自分でコントロールできるライフスタイルを送れていることは、初めての起業と廃業を経験した26才の時に思い描いた理想のひとつです。

廃業したり、消費者金融や高利貸しから多額の借金をしてしまったりと、紆余曲折はありましたが、起業当初に思い描いたライフスタイルを手にできた理由は、スモールビジネスというスタイルを突き詰めて行ったからだと断言できます。

しかも、これは私だけの結果ではなく、私のクライアントやビジネスパートナーたちも同様に、スモールビジネスを手段として、時間とお金に縛られないライフスタイルの階段を驚くべきスピードで駆け上がっているのです。

◆行列のできる『高額プログラム』を書籍化

これらの話をすると、私が教えるノウハウを「自分には真似できないのではないか」「すでに実績のある中村さんだからできるんじゃないか」と思う人がいますが間違いです。

私が教えるのは、あくまで「再現性のある」「人の能力に頼らずに」「結果を導き出せる」ノウハウだけです。これを実践すれば、私や私の仲間と同じように、時間とお金に縛られないライフスタイルを手にし、ビジネスの舞台で活躍できるはずです。

私は今でこそビジネスで結果を出すことができましたが、ビジネスで苦しんだ過去があります。あの時、真のスモールビジネスを構築するための知識や知恵を持っていたら、どれほど良かっただろう。当時の私と同じようにビジネスで苦しむ人をひとりでも減らしたい……。


そう考えて、これまで高額な料金で参加していた一部の人しか知りえなかった、圧倒的なパワーを持つノウハウを、この本で網羅しました。真のスモールビジネス構築・マーケティング術・ビジネスを手離れさせる方法・アウトソーシングの技術・収益が上がる仕組みなどなど、どれもが数十万円かかるようなセミナーでしか手に入らないものばかりです。

私は評論家や学者ではないので、自らが実践してきた失敗や成功の中で構築された手法や気づいたことを、私の言葉でしかお伝えすることができません。その中には、耳障りな話しや、刺激的な言葉を使う場面もあります。なぜなら、当たり障りのない話をしても、面白くありませんし、印象に残らないからです。せっかく時間とお金を使って本書を読んでもらう以上は、「真に使える本」として、この先長くあなたの手元に置いていただけるように、本気で書かせてもらいました。

「時間とお金に縛られない心豊かなライフスタイルを手に入れる」というのは、ひとつのゴールであり、あなたの人生の新たな章のスタートです。本書との奇跡的な出会いが、あなたにとって素晴らしい未来を手にするきっかけとなることを信じています。

第1章 スモールビジネスの真の姿とは

第2章 失敗しないスモールビジネスの見分け方

第3章

失敗のリスクを極限まで低くする戦略

第4章

集客するために外せないこと

第5章
ビジネスを自動化するための施策

第6章 ビジネスを自動化したその先の世界

CHAPTER 1

スモールビジネスの真の姿とは

BUSINESS 01

スモールビジネスに宿る新しい可能性

本書で、これからお伝えする『スモールビジネス』は、単なる起業や経営術としてのノウハウではありません。

もちろん、それらの役にも立ちますし、ビジネスで収益を上げていく実践的なスキルも身につくと思います。ただ、それだけであれば他の本でも見たことがあるはずですし、起業塾や経営塾のような会を開催している人は日本中に沢山います。

しかし私がこれから教える、スモールビジネスを構築する方法を伝えるコンサルタントは、日本にはまだほとんどいません。ビジネスを経営する側も、商売は額に汗してあくせく働いてお金を稼ぐものだ、という考えが根強く残っているようです。

誤解して欲しくないのは、このような働き方を否定しているわけではなく、**ビジネスの構築の仕方によって、全く違った結果を手にすることができるということを理解して欲しいのです。**

世の中にスモールビジネスというカテゴリーがあるのであれば、近所の魚屋さんや雑貨屋さん、飲食店や美容室や車の整備工場など、オーナーがどのように捉えているかに関わらず、世の中のビジネスのほとんどがそのカテゴリーに当てはまるでしょう。

一般的にこれらの商売は、自らの時間や技術や知識などを、お客さんへ提供することの対価として収益を上げていきます。

これが一般的なスモールビジネスの働き方ですが、労働集約的な働き方となるので、仮に自分が病気になってしまったり、何らかのトラブルが起きてしまった時は、収入が断たれてしまうことに直結します。もちろん売上げが立たなければ廃業という道へまっしぐらです。

実際私自身も、廃業という憂き目を経験したので、そういう状況に陥ってしまう人をひとりでも減らしたい。そして、スモールビジネスで手にすることができる新しい可能性を知ってほしい、これが今の私の原動力であり、本書を書いた理由です。

BUSINESS 02

最終ゴールは「ビジネスを手離れさせる」こと

では、私が伝えるスモールビジネスを構築すると、どんな未来を手にできるのか？　それは時間とお金に縛られないライフスタイルです。

働く場所や時間を自分で選び、家族との時間を大切にする、といったライフスタイルを手にするために、構築したビジネスをあなたの元から手離れさせ、さらにきちんと収益が上がってくるビジネスを構築していくのです。

そんな夢のようなビジネスを、自分には構築できるはずがない？

それは今までやり方を知らなかっただけです、安心してください。

いや、時間よりもまずはしっかりとビジネスで収益を上げていきたい？

もちろん収益を上げなければビジネスとして成立させられないので、その点についても重点的にお伝えさせていただきます。

もう一度言いましょう。今、**日本ではスモールビジネスを手段として、時間とお金に縛られないライフスタイルを手にするための、真のビジネスモデル構築方法を理解し、本気で伝えられる人はほとんどいません。**

私が伝えることとは、例えば「WEBサイトを量産して広告収入を得ていきましょう」といったインターネットビジネスを主流としたビジネス構築の話ではありません。ネットやリアルという垣根を取っ払った上で、業種業態に捕らわれることなく、結果を出していく方法です。

スモールビジネスはとても大きな可能性を秘めています。私が作り上げてきたスモールビジネスを構築し、自動化していくノウハウを知ってもらい、活用いただくことで、ビジネスで失敗する人をひとりでも減らし、かつ、これから迎える『個の時代』で活躍し、ダイナミックな人生を送る人がひとりでも増えて欲しいのです。

そのためには、**時間とお金を手にするという前提の元、ビジネスを構築していく必要があります。ほとんどの場合、商品やサービスを中心にビジネスを構築していくのですが、**

私が伝えるスモールビジネスは、得たい結果を手にするための手段として、ビジネスを構築していくのです。

お金を稼ぐということは、そのお金を使って何か得たい物やことがあるはずです。しかし、多くの人がお金を沢山稼ぐことや、ビジネスを拡大していくことがすごいこと、といったビジネスの常識に囚われ、本来の目的を見失ってしまうということが起きています。

もちろんビジネスを行う以上、ガンガンお金を稼ぐことは賛成ですし、決してお金を稼ぐことが悪いこと、といっているわけではありません。むしろ、まずはとにかくどん欲にお金を稼ぎましょう、と声を大にして伝えています。

ともあれ、あなたが求める未来を手にするために、あなたが現場の最前線で陣頭指揮を執り続けなくても、仕組みで収益が上がるようにビジネスモデルを構築していくのです。

BUSINESS 03

ビジネス自動化の環境は整った

ビジネスをあなたの元から手離れさせるには、誰かの力を借りることが必要です。外注を使ったり、社内業務にしたり、作業を見直ししたりしながら、ビジネスを再構築していく中で、他者の力を活用することは必要不可欠です。

今までは、外注先を見つけたりするだけでも、とても大変でした。しかし、終身雇用の崩壊や将来への不安などが後押しし、起業や副業という概念が根付き、インターネット環境が整い、クラウドソーシングサービスといった、仕事のやり取りができるプラットフォームが作られたことで、誰でも場所を選ばずに、いつでも仕事をする環境が整ったのです。

通信速度は５Ｇ（現在の通信速度の１００倍を目指す）の導入により、驚くほど速くなっていくことで、データのやり取りはもちろん、ネット回線を使った会議なども一般的となり、よりストレスなく場所を選ばずに、色々なやり取りができる様になっていきます。

このような物理的革新の他に、今後フリーランスと呼ばれる人たちがどんどん増えていくでしょう。**すでにアメリカなどでは、労働人口の3割ほどがフリーランスとして活躍しているといわれています。**

日本も終身雇用の崩壊が叫ばれるようになり、多くの人が会社に頼らない生き方へと舵を切り始めました。そんな背景から、クラウドソーシングサービスが広まり、スキルを持った会社員や主婦やフリーランスなどが、副業や本業で仕事をしてくれる環境ができました。

クラウドソーシングサービスとは、仕事をしてほしい人（依頼者・クライアント）と、仕事をしたい人（受注者・ワーカー・メンバー）を、効率よく繋いでくれる、インターネット上のサービスです。このサービスを活用することで、仕事のマッチングだけでなく、報酬のやりとりもサービス運営側が対応してくれるので、金銭トラブルが起きにくい仕組みとなっています。

また、大手企業では既に、ＡＩ（人工知能）やロボットやＩｏＴ、ビッグデータ等の活用を含め、ビジネスのオートメーション化が進んでいます。このように、数年前までは考えられなかった環境をフル活用することで、私たちは時間とお金に縛られない、ライフスタイルを手に入れるために、ビジネスを構築していくことができるのです。

04 BUSINESS

スモールビジネスは経営者の働き方改革

スモールビジネスというスタイルは、これから間違いなく噴出してくる問題を解決する力を秘めています。例えば雇用に関する問題。

労働人口減少により、今後一層労働力の確保が難しくなっていくといわれます。すでに土建業や運送業をはじめ、コンビニエンスストアやスーパーマーケット、飲食店などの各サービス業でも、労働力確保に関する問題は噴出しています。

私は講演講師として、各地の商工会や商工会議所、企業や各団体等からお声がけいただきますが、そこでも『人材不足対策』に関するテーマの相談が増えています。

悩ましい問題はそれだけでなく、有休休暇取得の義務化や、賃金上昇、求人コストの上昇、労働環境の改善、働き方改革への対応、ハラスメント問題対策など。雇用側にはあらゆる角度からクリアしなければならない課題が沢山あります。

これらの問題を一瞬で吹き飛ばしてしまう解決法が、『スモールビジネス』なのです。

私は先にお伝えしたように、複数のビジネスやサービスを展開していますが、私とサポート2人で運営しています。アルバイトも必要に応じて使いますが、他は基本的にアウトソーシング（外注）です。

そもそも最低限の人材しか必要としませんし、業務自体人に頼らないモデルにしてしまっているので、雇用など人に関するトラブルは発生しようがありません。

人材に限ったことではありません。組織、コスト、手間、借入、リスク、人脈、在庫、時間……。**スモールビジネスでは、ビジネスを形作る数多くの要素において、できる限り最小単位での資源（リソース）をもって、ビジネスモデルを構築していくことで、大きな問題を抱えることなく結果を出すことに集中して対応することができる様になる**のです。

『小さい』というのは大きな武器です。これからさらに常識や概念が大きく変化していく時代では、状況に合わせたフレキシブルな対応が必要になります。組織が小さければ、スピードある意思決定が可能になります。人件費をはじめとした経費をグンと抑えることができ、早い段階で利益を生み出すことが可能となります。その利益を循環してさらに収益を生み出すこともできますし、ビジネスをリスクにさらすこともなくなります。

そもそも、個人事業主や中小零細企業の多くは、ヒト・モノ・カネといったリソースが圧倒的に足りません。その中で結果を出していくためには、『小さい』というキーワードを無視することはできないのです。

ビジネスの自動化とは、いってしまえば、「経営者のための働き方改革」です。そのために必要なのが、「人の能力に頼らない仕組みを作る」こと。『人』とは『他人』ということではありません。

自分も踏まえて、個人の能力や適性に頼らずビジネスを回せるようにできるということです。そうなれば自分は直接作業をしなくても、マネジメントだけで大きな収益を得ることができるようになります。

ただ一点誤解して欲しくないことは、ビジネス自動化とは『ほったらかしで稼ぐ』とか『不労所得』ということではありません。実直にビジネスと向き合い構築していくものです。

本書でじっくりとお伝えしていきますが、**ビジネスを自動化するためには、仕事をパーツ分けし、標準化された作業をどんどんアウトソースしていくという流れを作っていきます。**

その仕組みは、業種業態を変えても応用可能で、そのやり方を繰り返していくことで、どんどん新しい展開ができるようになるのです。

BUSINESS 05

スモールビジネスを構築するために「やらないこと」を決める

スモールビジネスを構築するために、まず決めるべきことは、「やらないことを決めること」です。よく、「目標を明確にすることが大切だ」という話を耳にしますが、スモールビジネスを手段として、あなたが望むものは「時間とお金に縛られないライフスタイル」という前提があるので、目標なんてものは後からいくらでも明確にしていけばいいのです。それよりも大切なのは、お金を稼ぎながら時間を手にするビジネスを構築することです。

そのためには、**自分がやれないこと、やりたくないこと、を明確にした方が圧倒的に結果を出しやすくなります。**

あれもこれもできないのに、お金が欲しいばかりに、あれもこれもやってしまい、結果的に時間に追われてしまうということが、ビジネスの現場では当たり前に起きています。だから、まずはやらないことを決めるのです。

どうせやらないことを決めるのであれば、やりたくないことを明確にしてしまった方が

ストレスもないし楽しいよね、というのが私の考えです。

『選択と集中』という言葉を耳にしたことがあると思いますが、そんな立派な概念ではなく、「やりたくないことはやらない」と決めるのです。

・お金に直結すること以外はやりたくない
・他人に任せられることを自分でやりたくない
・誰がやっても結果を出せるまで落とし込みできないことはやりたくない
・儲かっても忙しくなるビジネスはやりたくない
・儲からない仕事はやりたくない
・ヒト・モノ・カネが多く必要になるビジネスはやりたくない
・コントロールできない要素が多いビジネスはやりたくない
・無理に売り込むような営業はやりたくない

これら以外にも、私は多くのやりたくないことをベースに作った『やらないこと』を決めています。

BUSINESS 06

余計な問題は初めから囲い込まない

やらないことを明確にしていくと、最短で結果を導き出せるようになっていきます。なぜなら、**やらないこととは「思考と行動を絞る」ことと、「余計な問題を初めから囲い込まない」ということに直結させることができるから**です。

ビジネスでは多くの問題が出てくるのが一般的ですが、**問題解決をする以前に、問題を起こす要素を1つでも多く排除することができれば、一番注力しなければならないことに、集中することができるようになる**と考え、初めから問題になりそうな要素をカットしていくようにしています。

ビジネスは、どんなにきれいごとを言っても、まずはお金を稼げなければ未来はありません。人は一度にたくさんのことに取り組むと、力が分散します。だから、まずはお金に直結させることを最優先とし全勢力を注ぐのです。

やらないことを明確にしておかなければ、ビジネスはどんどん複雑化していってしまい、あなたの力がどんどん分散されていきます。力が分散すれば収益を上げることが難しくなるだけでなく、時間もどんどん吸い取られていきますので、当然ビジネスに追われる日々が続くということです。

「組織を小さくすることで人の問題を抱え込まない。お金を稼ぎ時間を手にすることに注力する。」ということに触れましたが、その背景がここに繋がっているのです。

やらないことを明確にするというと、「あれもやらない、これもやらない」「あれもダメ、これもダメ」と否定やネガティブに感じられる部分が、もしかしたらあるかもしれませんが、やらないことを明確にするからこそ、やるべきことが見えてくるのです。

やらないことを明確にしたうえで、やることを決めるという流れにしないと、思考も行動も煩雑になり全てが中途半端になってしまいます。逆にいえば、思考も行動も絞っていけば、結果を出すことだけに集中できるということです。常に意識するようにしてください。

BUSINESS 07

リスクを管理しシンプルに徹する

スモールビジネスとは、ひとことで表すと、「最小の労力で求める結果を導き出すこと」です。『労力』とは、時間・お金・人材・手間・在庫・リスクなど、さまざまな言葉に置き換えることができます。『結果』は、あなたが手に入れたい未来です。

人は制約があることで、思考をめぐらし工夫をしていくものです。スモールビジネスでは物理的に、すべてに対応できないからこそ、あれもこれもやれない、という制約が生まれ、ヒト・モノ・カネといったリソースが足りないからこそ、最小という制約が生まれますし、時間の制約があれば、それに沿って結果を出していくしかないのです。

このような背景から私は**スモールビジネスを構築するために必要な基本的な概念を「リスクを管理しシンプルに徹する」と明確にしました。**

リスクを管理するとは、「リスクの所在を明確にし、コントロールできない要素を排除する」ということです。なぜ、これらを意識してビジネスに取り組む必要があるかといえば、失敗の確率を極限まで低くするためです。それと同時に、お金は全ての原資となりますので、スモールビジネスではまずお金を稼ぐことに集中しなければなりません。

私が考えるスモールビジネスは、大成功を手に入れるというスタンスではなく、まずは小さくても確実にお金を稼ぎ、時間の自由も手に入れるということです。つまり、一発逆転を狙うのではなく、堅実に**負けない経営を行う**ということです。

多くの人は、「リスク＝お金」と考えていますが、お金が無くなってビジネスが立ち行かなくなるというのは、多くの選択の結果であって、お金にリスクという呪いがかかっているわけではないのです。

私は、**本当のリスクとはコントロールできないことと捉えています。自分ではコントロールできないことを無理にコントロールしようとするから、ストレスになり、トラブルになるの**です。

一般的にいわれているリスクとは、事前に回避したり、対処することが可能だと考えています。例えば、お金を借り入れして、ビジネスを始めなければならないということがリスクと感じるのであれば、借り入れをせずに始められるビジネスを考えるのです。

08 BUSINESS

借金も雇用拡大も店舗展開もリスク

ビジネスでは何かをしようとすれば、まずお金が必要となります。お金を稼ごうと思ったら、まず一番初めに大なり小なりお金が動くのは当たりのことですが、お金のかけ方を間違ってしまい、リスクを抱え込んでしまう人も少なくありません。

私は「会社は大きくするな」ということを常に口にしています。会社を大きくするということは、多くのお金を投資する必要がありますし、多くの経費が発生してきます。それを賄うためには借金が当たり前といわれていますし、動くお金が大きくなればなるほど借金をしなければビジネスを回すことはできなくなります。

小さな力で大きな結果を生み出す例えとしてよく用いられる「レバレッジ」というのは、スモールビジネスでは、本当の意味で掛けきることができないのです。なぜなら、借入れをしてレバレッジを掛けようとしても、普通の人が借入れできる金額なんてものはたかが知れているからです。

「お金は借りられる時は借り切ってしまった方が良い」と言われる方がいますが、必要以上に借入してしまっていたことで、本当に必要なときにお金を用意できずに手を打てなくなってしまったという話はいくらでもあります。

事業拡大の時は、借金はプラスに作用しますが逆の道を辿り始めたとたん、借金は瞬時にしてリスクになります。「銀行は雨の日に傘を貸さない」という言葉は、このような背景から生まれた言葉だと思いますが、それが分かっているのであれば銀行に頼らない経営をおこなうべきです。

借りたお金は必ず返済しなければなりません。借り入れの目的が、税金の支払いや、売上げの補填などだった場合は、なおさらそれは毎月の出費を意味するのです。**毎月出て行くお金が増えるということは、スモールビジネスではリスクに直結します。**

会社を大きくして固定費が沢山かかるようなビジネスは、修正が難しいという現実がありますが、もし、経営を苦しめている原因が、損益分岐点が高止まりしているのであれば、組織をダウンサイジングすることも戦略のひとつだと思います。スモールビジネスに徹することは、それだけでリスクを管理しているということを忘れないでください。

09

BUSINESS

あなたの周りをリスクだらけにしないために

会計名目上は違いますが人件費は固定費です。店舗展開や従業員雇用なども含めて、ビジネスをおこなう上で毎月出て行くお金が増えることはリスクです。**毎月出ていくお金が増えるということは、毎月稼がなければならない金額が増えるということです。**

支払いをするにはとにかく現金が無ければ話にならないので、借金を返すための仕事や人件費を払うための仕事をしなければならない状況に陥る可能性があります。

それは、仕事を選ぶことができないということを意味するのです。物事は自分がコントロールできる範囲で、選択肢が多ければ多いほど有利に進めることができます。

しかし、**目先のお金を稼がなければならない状況に陥ると、一気に選択肢は狭められてしまい、不利な状況へビジネスや自分を追いやってしまう可能性が高くなるのです。**

例えば、毎月の支払いが１０００万円あるとします。基本的に支払いは待ってくれないので、支払い日までには現金を手元にそろえなければなりません。ビジネスがうまく回っている時であれば良いのですが、売上げが思ったより伸び無い場合、どうなるかというと、お金が欲しいからやりたくない仕事を受けるようになるのです。

やりたくない仕事とは、基本的にお金にならない仕事なので、儲かりません。しかし儲からなくても、とにかく現金が欲しいので、交渉する余地すらなくなってしまうのです。儲からなくても仕事があるだけ良いかもしれませんが、これは、本来受けなくていい仕事なのに、支払いに縛られて「やらない」という選択ができない状態なのです。

ビジネスでいう不利な状況とは、お金を稼げないということです。**お金を稼ぐとは支払いのための現金ではなく、手元にお金を残すということを意味します。**手元にお金を残すためにも、固定費は最小限に抑えなければなりません。

多店舗展開をしようとすれば、お金もかかりますし、人が増えていくことで、どんどん自分の目が届かない状況に陥ってしまいます。**トラブルのほとんどは人が運んできます。**人が増えればトラブルが増え、また様々な意見が出てきますので、トップダウンで行っていた決断が多くの意見に左右されるようになってきます。スモールビジネスではスピードが命なのに、人が絡むとスピードも遅くなるという現実があるのです。

リスクを管理するということは「リスクの所在を明確にし、コントロールできない要素を排除する」ということだとお伝えしました。コントロールできない要素を排除するには、物事をシンプルにしていかなければなりません。

物事は複雑にしようとしなくても複雑になる傾向があります。複雑になればなるほどコントロールできない要素を抱え込みコントロールできない状況に陥ってしまいます。コントロールできない状況をコントロールしようとすると、いつの間にか自分の仕事がお金を稼ぐことから遠ざかってしまう場合が本当に多いのです。

お金を稼ぐことに注力しなければならないタイミングで、お金に直結しないことに手間を取られるということは、恐ろしいほどのリスクだということを認識してください。だから、リスクの所在を明確にし、リスクを管理しシンプルに徹することでコントロールできない要素を排除していく必要があるのです。

CHAPTER 2

失敗しない スモールビジネスの 見分け方

01
BUSINESS

何をどうしてよいか分からない人へ

スモールビジネスを構築して、自動化していくためには、まずは何らかのビジネスを所有していなければなりません。本章では、ビジネスを立ち上げるために注意すべきポイントについて触れていきたいと思います。

すでにビジネスを所有されている方は読み飛ばしていただいても構いませんが、私がどのような考えを持ってビジネスを構築しているのか興味のある方や、新しくサービスや収入の柱を構築されたい方は参考になると思います。

ビジネスを立ち上げるといっても、「何をどうしてよいか分からない」という人は多いと思います。どんな商品が良いか？　どういったサービスが良いか？　どのような業種業態が良いのか？　どのように展開していくのか？　ビジネスを立ち上げるといっても、その選択肢や考えなければならないことは多岐に渡ります。

当然ながら間違った選択をして失敗したくない、という思いは誰でも強く持っていますので、必要以上に神経質になってしまい、その結果、どうしてよいか分からなくなってしまう場合も多いのではないでしょうか。

人は一度に多くのことに対処することは力が分散してしまうので、物事を細分化し1点集中して対応することが大切です。物事を考える時も同じで、ひとつひとつ細分化し解決させていくことが重要です。

そのためにはどういった基準でビジネスを見れば良いかを、お伝えしたいと思います。判断基準を明確にしておくことで、商品やサービスに左右されることなく、本質的にリスクの少ない経営をおこなうことができるようになります。

BUSINESS 02

ビジネスとは、お客さんが抱く問題解決をすること

そもそもお客さんは、なぜあなたにお金を払うのか？　それはあなたが扱う商品やサービスを必要としているからです。実は、ここに隠れている重要なことに気づかなければ、いつまでも商品やサービスを探し続けてしまう、起業難民となってしまうでしょう。

皆さんの周りでも、たまに話題に出ると思いますが、何か良い商売ありませんか？　儲かりそうなビジネスありませんか？　ということを私も聞かれてきました。

その時は、放置自転車ビジネスがいいよ、と答えていますが、これは私が実際に携わっているということよりも、それ以上に重要なポイントがあるからです。それは、問題を解決することに焦点を当てたビジネスということです。

これは大前提として覚えてほしいのですが、**ビジネスとは「お客さんが抱いている問題を解決すること」**です。お客さんが最終的に求めていることは、問題を解決した未来であって、商品やサービスではないということです。

例えば、ダイエットサプリを購入するお客さんは、ダイエットサプリが大好物だから食べるという人は、まずいないはずです。ダイエットに成功して、ファッションを楽しみたいとか、モテたいとか、健康になりたいとか、**問題を解決した未来**を手に入れたくてサプリメントを購入しているのです。

これを理解せずに本当によくある勘違いが、面白そうな商品を見つけた、自分にはこんな資格や知識があるから売れる、と考えてビジネスを始めようとしたり、何か売れそうな商品ないかな？ 儲かりそうな起業のネタはないかな？ といって、ビジネスのネタ探しばかりしてしまうことです。

儲かりそうな起業のネタであっても、面白そうな商品であっても、資格や知識があっても、お客さんが抱えている問題を解決してあげることができなければ、ビジネスとして成立させることはできないのです。

極端にいえばお客さんは、問題を解決できるのであればどんな方法でもいいのです。売れそうとか、儲かりそうという自分目線で物事を見ていると、ビジネスの可能性を狭めてしまいますし、目の前にあるチャンスに気づくことができなくなります。

たとえどんなにほれ込んだ商品があったとしても、どんなにすごい資格や知識があっても、まず**一番初めにお客さんの問題を解決することに焦点を当てなければならない**のです。

よく、「自分の好きなこと、情熱を傾けていることで起業しよう」と伝えている起業塾や書籍がありますが、**いくら情熱があっても、アプローチのポイントが間違っていれば稼げないビジネスになるだけです。**

「お客さんはどんな問題を抱えているのだろう?」という、自分目線ではなく、お客さん目線でビジネスを考えてください。

03 BUSINESS

ビジネスのネタで悩むことは時間の無駄でしかない

新たにビジネスを構築するというのは、経験が乏しいうちは、難しく感じるかもしれませんが、ちょっと周りを見渡してもらえると、実はビジネスのネタで溢れかえっているのが分かるはずです。

例えば、今あなたが身に着けている服や靴といった物、髪の毛のカットサービス、今朝食べたパン、それを作る人達など、何かを提供したり、提供されたりということは、お金が動いていることを意味します。

「人が生活する＝経済活動が行われている」ということです。**商売とは、「経済活動を根幹で支える行為」と考えると、身の回りにある商品やサービスは、全てビジネスのネタであると考えることができます。**

仮に『時計』という商品を参考に、その商品が作られて消費者の手に届くまでに関わる仕事を見てみると、時計を売る人、設計する人、デザインを考える人、商品プロデュース、素材の加工、組み立て、販売する店舗の賃貸、店舗設計、問屋、什器提供、看板製作、広告などのプロモーション、物流、WEBサイト構築、財務、人材採用、人材育成、フランチャイズ展開サポートなどなど、とても多くの要素が関連しているのです。

さらに例えばここに記載した、『物流』を掘り下げていけば、配達員、トラック販売、トラック整備、ピッキング（仕分け）、伝票印刷などなど、そこに関連する要素があるのがわかると思います。

商品やサービスを『ひとつのまとまり』として捉えるのではなく、それが出来上がるまでの過程や経路といった裏側を分解していくことで、ビジネスとして取り組める要素が驚くほど多数存在しているのです。

もちろん収益も含めて「ビジネスとして成立させられるかどうか」というポイントは無視できませんが、『ビジネスのネタ』ということだけに焦点を絞って考えれば、ビジネスのネタで悩むことがどれほど無駄なことか理解できるはずです。

BUSINESS 04

ビジネスは誰かの代行でできている

ビジネスとは、お客さんが抱いている問題を解決するという大前提と共に、**『誰かの代行』**と考えると、起業のネタはさらに柔軟に見つけることができます。例に挙げた『時計』も、あなたが時計を購入するまでには、**『あなたの代わり』**に時計を企画したり、制作したり、時計の存在を知らしめてくれたり、お店で展示したり、あなたの自宅まで運んでくれたりと、色々対応してくれる人たちがいるのです。

私たちが日々、お米や野菜や肉を食べたり、外食で料理やお酒を頂くことができるのも、私たちの代わりに、食材を育ててくれたり、運んでくれたり、調理してくれたり、お店に並べてくれる人たちがいるから、不自由なく食にありつけます。

目に見えにくいサービスも、代行してもらっているということを忘れてはいけません。例えば、本を読んだり、セミナーで学んだり、ビジネスの相談をしたりということも、あなたの代わりに学んでもらったものを、集約して教えてもらう。それにより、閃きを得たり、自己成長につなげることができたり、より多くのお金を稼げたり、時間やコストを抑えたりと、多くの結果を得ることが可能になります。

価値を提供したり受け取ることの対価として、お金という世界共通の基準を持つ道具を使って、生活をよりよくしているのです。

「ビジネスとはお客さんが抱いている問題を解決するために、あなたが代行して解決策を提示する」ということを理解しておくだけで、独りよがりの思い込みだけで、ビジネスを進めてしまうリスクを避けることができる様になります。

05 BUSINESS

ビジネスの成否を分ける判断基準

どういう業種でどのようなビジネスを行うかということは、良い結果を引き寄せるためには無視できない要素であることは間違いありません。ただそれ以上に、**あなた自身がビジネスのポテンシャルを正しく見分ける目と、判断基準を持つことが大切です。**

つまり、ビジネスをきちんと分析する基準を持ってほしいと思うのです。スモールビジネスを分析する上で、私は10のチェック項目を意識しています。スモールビジネスは、極端なリスクを冒すことではなく、リスクを管理しながら作り上げていかなければなりません。

それらを踏まえて、次のような基準に照らしてビジネスを選ぶ必要がありますし、ビジネスを選ばないという判断も必要です。

●ビジネスを選択する判断基準、10のチェック項目

1　売上げを作りやすく利益を多く残せるか？
2　資金の回転スピードは早いか？
3　リピート性は高いか？　もしくは生み出しやすいか？
4　小資本で立ち上げられるか？
5　優位性（差別化）を築くことはできるか？
6　コントロールできない要素を排除できるか？
7　マンパワーに頼り切らずに仕事を回せるか？
8　集客はスムーズにおこなえるか？
9　市場規模はどうか？
10　ビジネスモデルは確立しているか？　確立させられるか？

10のチェック項目に付随するビジネスの見極め方の詳細については、拙著『何があっても一家4人を食わせていくだけのお金を稼ぎたいならスモールビジネスをやるしかない』

（こう書房）を読んでいただきたいと思いますが、このような判断基準を持つだけで、ビジネスの見え方が変わってきますので、活用してほしいと思います。

この基準に当てはまらないから、ビジネスが上手く行かないということではありませんが、当てはまる項目が多いほど、ビジネス成功の確率は高まります。**どういった商品やサービスを扱うかということよりも、ビジネスモデルがどこまでしっかりしているかということは、スモールビジネスではとても重要な要素であることは間違いありません。**

苦労するビジネスを選べば、どんなに優れた経営者であっても苦戦するでしょうし、逆に、市場の波に乗っているビジネスであれば、普通の人でも結果を出すことは難しいことではありません。

06
BUSINESS

儲からないビジネスには手を出さない

ビジネスとは売上げを作って利益を出し、最終的に手元にお金を残すことです。当たり前ですが、どんなに売上げがあっても利益を出すことができなければ、手元にお金は残りません。**『薄利多売』という言葉を耳にしたことがあると思いますが、そもそも小さなお店や会社は、『多く売る』ということができないのです。**

なぜなら、多く売るということは、多く売るための広い売り場スペース、人、商品や在庫をはじめ、多くの人に知ってもらうための宣伝広告費やオペレーションなど、何をするにでも、お金がかかりますし、複雑になるからです。

デジタルデータなどの場合は、物理的な在庫は発生しないので、当てはまらない部分もありますが、一般的な在庫が発生するビジネスであれば、インターネットを活用する場合も同じです。

『薄利』ということは儲けが少ないということです。極端ですが、売上げが１００万円あったとしても、仕入れ値が99万円であれば、儲けることはできません。仮に、あなたがいくら金額を安くして今よりお客さんを集めたとしても、あなた以上に資本力のある企業が、あなたが提供する商品やサービスを、安い金額で売り始めたら勝ち目はないのです。

つまり、**『薄利多売』というビジネスモデルは、結果的には資本力のある所が勝つビジネスモデルなのです。**だから、資本力のない普通の人が『薄利多売』のようなビジネスモデルを選んでしまうと、経営が楽になるどころか、泥沼にどっぷりハマり地獄を見ることになりかねないのです。

戦略的に安売りをするというマーケティング手法はありますが、一般的に何も考えずにおこなう薄利多売というビジネスモデルは、価格以外に差別化が難しいということです。価格以外で差別化できないのなら、どこにでもある商品やサービスだということです。

そもそも**自らがリスクを負ってビジネスを起こすときに、価格以外に差別化できないような商売をして何になるのでしょう**か？　そこには夢も希望もありません。だから、売上げがそれほど多く無くても、きちんと利益が残るようなビジネス**『多利少売』**を行うことが、スモールビジネスには必要なのです。

スモールビジネスで、毎月１０００万円を売り上げ続けるのはそう簡単ではありませんが、１００万円程度の売上であればそれほど高い目標ではありません。しかし、これが原価率率50％だったら、１００万円を売り上げても残りは50万円です。この中から家賃、新しい商品の仕入れ代、水光熱費、人件費など必要経費を支払ったら、手元にお金はほとんど残らないでしょう。つまり自分の給料はゼロということです。

仮に、従業員やパートを雇わずに自分だけで経営したとしても、20万円残れば良いのではないでしょうか。「20万円残れば何とかギリギリ生活はできる」と思う人がいるかもしれませんが、売上げが90万円になったら？　売上げが80万円になったらどうするのでしょうか？　お客さんを集めるための販促費はどうするのでしょうか？

商売に波は付き物です。良い時もあれば悪い時もある。特に起業当初はかなりの確率で悪い時の方が多いです。予想以上に悪い時期が続いたら……廃業です。

07 BUSINESS

きちんと利益の残るビジネスを選択する

起業したての頃は、とにかくお金が入ってくるスピードよりも、出ていくスピードの方が早いので、内部留保に回すことは簡単ではありません。仮に回せたとしてもそれほど多くは無いでしょう。そう考えると、原価率50％のビジネスだと100万円の売上げでは足りないことがわかります。

では、150万円の売り上げを上げるようにすればよいのでは、と考えるのですが、**100万円の売り上げを作るのがやっとのお店で、売上げを1.5倍にするのは、正直、楽ではない**と思います。

実際にはやり方は色々あるので、ここでお伝えするほど難しいかは別にして、原価率50％でも数字に起こすとこれだけ厳しいのに、ましてや**「戦略の無い安売り」というのは恐ろしく危険性がある**ということを理解してほしいのです。

私がおこなっていた着物リサイクル事業は、原価率5％程度でした。着物リサイクルとの基本的なモデルは、一般家庭から着物を買取り、業者専用の競《せ》り（オークション）に出すことで現金化できるのですが、古い着物はほとんど値段がつかないので、一般の消費者に直接販売することが重要になってきます。ただ、競りで値段のつかない着物は、着物を着る方にも人気が無いため、正直ただのボロキレにしかなりません。

しかし、色々とテストマーケティングを重ねた結果、古い着物生地は手芸をされる方に非常に人気があり、しかも高値で売れることが分かったのです。そのような背景から、原価率5％程度というビジネスモデルを構築していきました。

原価率が5％ということは、例えばひと月100万円を売り上げれば95万円は粗利益として残るのです。福島県いわき市という、どこにでもある一般的な地方の中核市でお店を構えていましたので、家賃はそれほど高くはありません。人件費以外の経費を引いても85万円は残ります。

200万円を売り上げれば180万円は手元に残りますし、仮に50万円まで売り上げが激減しても37・5万円は手元に残ります。

売上げが半分になってもビジネスとして成立させることができるというのは、これだけ不確実性の高い現代では、本当に強みになるのです。

BUSINESS 08

ひとつの商品から複数のお金を生み出す

利益を多く得られるようにしていくということは、スモールビジネスでは非常に大切ですが、もうひとつ、**「同じ商品から複数の収益源を作れるか」ということも収益を高めるためには見逃せない要素です。**私はそれをキャッシュポイントと呼んでいます。

私たちが展開する、放置自転車ビジネスのキャッシュポイントを例に見ていきたいと思います。放置自転車ビジネスとは、マンションやアパートなど、入居者が放置していってしまった自転車やバイクを、管理者やオーナーからの依頼を受け、無料もしくは依頼者からお金を頂いて撤去するという社会問題解決型のビジネスです。

現在はパートナー制度といって、私たちが作り上げたノウハウと、独自開発したＷＥＢシステムを、放置自転車ビジネスに興味を持ち、ビジネスとして取り組みたいという方へ提供することで、全国にビジネスが広がり、業界リーディングカンパニーとしてトップの組織を構築しています。

撤去した自転車は、１・輸出　２・販売　３・レンタル　４・鉄くず　と、自転車の状態により売り先を変えることで利益を得ています。**ひとつの商品を収益に変える場所を、私はキャッシュポイントと呼んでいます。**

一般的な商売は、仕入れた商品をお客さんに売る、という流れになりますので、キャッシュポイントはひとつと見ることができます。また仕入れ商品は売れ残ってしまえば在庫となる心配があります。在庫はお金ですから何とか消化していきたいものです。

放置自転車ビジネスは、**乗れない自転車は最終的に鉄くずとして売ってしまうということも含め、売り先を複数構築したことで、売れ残りという概念を無くしてしまった**のです。

放置自転車ビジネスのように、商品に手を加えることなく、いくつものキャッシュポイントを作れるビジネスを見つけるのは、そう簡単ではないかもしれませんが、**キャッシュポイントが多ければビジネスが優位に働くことは間違いありません**ので、できる限り意識して欲しいと思います。

このキャッシュポイントという概念は、ひとつの商品に手間を加えることなく、お金に換わるポイントがいくつあるか、を意識してもらえれば、理解いただけると思います。

BUSINESS 09

原価率ゼロの秘密で負けない経営を構築

放置自転車ビジネスモデルの特質すべきポイントは、原価率がゼロということです。アパートやマンション等に放置された自転車を回収し、それを現金化するので、**直接的な仕入れに対する原価はかかりません。** しかも、撤去の段階で作業料としてお金を頂く場合も多数あるので、お金をもらって商品の仕入れをしているようなものです。

放置自転車ビジネスは無店舗で始められるので経費がかかりませんし、景気や外部的要因にもほぼ左右されないので、いきなり売上げが半分になるというリスクもないのです。

さらに、**今まで放置されていたものを撤去するので、こちらの都合で対応することができます。** つまり時間に縛られることなく対応できることを意味します。このような背景から、起業として加盟される方だけでなく、副業として開始できるので、近年はまずはダブルワークとしてビジネスに参画し、結果を出していきながら独立を目指すという方が増えてきました。

平日は会社員として働き、週末などにダブルワークとして取り組み結果を出していくことで、人生をリスクにさらすことなく選択肢を増やしていくことができるのです。

このように、**放置自転車ビジネスとは、原価ゼロ、売れ残りという在庫の心配がない、無店舗、WEBシステムでの管理、自分の都合で対応できる、というように、ほぼリスクなく取り組めるビジネスなのです。**

もちろん、行き当たりばったりでこのようなビジネスモデルを構築していったわけではありません。最小の労力で最大の結果を出すためにはどうすれば良いか？　時間に縛られないためには？　どうすればみんなが良い結果を出せるのか？　ということを徹底的に考え、試行錯誤の末、非常に優れたビジネスモデルを作っていったのです。

先述したように、そもそもの売上げを大きくできないスモールビジネスでは、利益率を高めることを考えなければならないのです。もちろん売上げがなければ利益もないので、売上げは絶対に必要ですし、とても重要なのですが、利益率が低いビジネスは、ちょっと売上げが下がるだけで一気に経営が苦しくなってしまうのです。

だから、**潤沢な資本が無いスモールビジネスでは、あなたがどんなに惚れ込んだ商品だとしても、利益の取れないビジネスには、手を出してはいけない**ということなのです。

ビジネスは撤退から考える

これもあまり聞いたことがない概念かもしれませんが、私は**「ビジネスは撤退から考える」**ようにしています。２０１８年9月末、福島県いわき市にて約10年間続けた着物リサイクル店を閉店しました。

着物リサイクルビジネスは、東日本大震災などもあり、ビジネス存続の危機はありましたが、地域一番店という地位を築き上げ、さらに原価率が5％以下という仕組みを構築していたので、私がほとんど手を掛けなくても、ビジネスとして収益をもたらしてくれる、非常に優秀なビジネスでした。

それなのに、なぜ閉店させたのか？　その理由は、「顧客の高年齢化に伴う需要減による市場の縮小」です。

着物リサイクルビジネスを始める時、どんなに長く続いても10年くらいだろうと思っていたので、5年目と7年目を目途にビジネス撤退を視野にビジネスを見直し、最大でも10

年で撤退を予定とし、着物リサイクルビジネスをスタートさせました。

東日本大震災の影響で4か月間売り上げがゼロになるなど、予想できない状態に陥ったことで、撤退危機もありましたが、結果的に市場が縮小していく中、10年経ってもしっかり利益をもたらすビジネスとして構築できたのは、すごいことだと思っています。

ただ、「売上げが落ちることはあっても、上がることは無いだろう。」という判断は、ビジネスを軌道に乗せてからも、一度も変わることはありませんでしたし、他のビジネスも軌道に乗っていることもあり、着物リサイクルビジネスに固執する理由も特にないので、良いところで閉店しようと決めました。

なぜなら、着物リサイクルビジネスは、**「お客さんと一緒に歳を取るビジネスパターン」**だからです。次項（ライフタイムバリュー）にてお伝えしますが、こういったパターンを理解しておくと、ビジネスの寿命や打つ手立てが、ある程度読めるようになってきます。

撤退のタイミングや判断は、ビジネスを立ち上げるよりも非常に重要です。特に売上げが思うように立たない時、新たに借り入れをするか、撤退するかという判断は、その後の人生も左右してきます。

特に新規でビジネスやサービスを立ち上げる場合は、どういう状況になったら撤退するか、ということはとても重要ですので、ある程度明確にしておく必要があります。

また、ビジネス立上げの前には、そのビジネスやサービスをテストすることが重要になるのですが、テストの段階で色々やってみて、クリアできない問題が多く、展開が難しいと感じる場合も、はじめからやらないという決断も必要です。

ビジネス撤退は、周りから見ると「失敗した」と捉えられることが多いですが、そういう周りの目は一切気にしてはいけません。

もし、撤退の原因が売り上げ不振など、ビジネスがうまく行っていない場合は、それを認め、受け入れ、自分の身を守り、**次のステージへ移行するためにも、傷が浅いうちに損切りをしていくことはとても重要です。**

お金を稼ぐ手段は、いくらでもあります。撤退は次の道へと進むための新たなスタートです。だから、なるべくきれいに幕引きをして、次の幕をスムーズに開ける必要があるのです。

11 BUSINESS

ライフ・タイム・バリューから見る2つのビジネスパターン

顧客生涯価値：L・T・V（LifeTimeValue／ライフ・タイム・バリュー）という言葉があります。**ひとりのお客さんが、あなたのお店で生涯的にいくらお金を使うのか、という意味**で用いられています。

例えば、ひとりのお客さんが、月に1万円の買い物を5年間継続してくれたとしたら、60万円が顧客生涯価値になる。1人のお客さんを獲得したら、60万円の売上が見込めるということが分かれば、例えば「広告費などの顧客獲得コストを2万円にできるな」といった戦略を立てやすくなります。

通信販売会社等では、徹底的に数字に落とし込まれているので、新規客獲得で短期的にコストがかかり赤字になっても、長期的には利益になって返ってくるとわかっていれば、コストをガンガンかけてきます。

ライフタイムバリューを最大化するには、

・平均購入単価を上げる
・購入頻度を上げる
・継続期間を伸ばす
・獲得費用を下げる
・維持費用を下げる

という施策が必要になりますが、店舗ビジネスや、中小零細企業等では、ライフタイムバリューを細かく計算したりすることは結構大変です。

顧客獲得コストはできれば把握しておければ良いのですが、実際には中々落とし込むことができないので、ざっくりと関係性を把握できるような考え方をお伝えしています。

12 BUSINESS

LTVは売り手とお客さんの関係から見る

私はライフタイムバリューを、**「売り手とお客さんの関係から見るビジネスパターン」**と捉えています。売り手とお客さんの関係から見るビジネスパターンは、次の2つがあります。この2つを理解することで、人と消費やサービスの関係性を知ることができる様になります。

・お客さんと一緒に年を取っていくパターン
・お客さんがある特定の年代・タイミングの時に通り過ぎるパターン

例えば前者の場合、昔ながらの街の美容室などをイメージしてもらえるとわかりやすいです。昔ながらの美容室が、なぜ長年続いているのかというと、昔からのお客さんがずっとそこと付き合っているからです。

新規のお客さんと既存のお客さんの比率は、圧倒的に既存客の方が多いはずです。こういう所は、お客さんとオーナーの年齢がほぼ一緒という場合が多いので、私は**「一緒に齢を取っていくビジネス」**と呼んでいます。

この状態は、特に戦略など考える必要はありません。もちろん、ライフタイムバリューという概念も必要ありません。事業承継ということも考えなくていいのです。

年齢を重ねるとともに、お客さんが病気になったり、亡くなったりしていくことでリピートも減りますが、自分も齢を重ねていき、多くのお客さんを相手にできなくなるので、うまい具合にフェードアウトしていきます。ただし、オーナーとお客さんの間に年齢差が生じる場合、一緒にフェードアウトしていくことはできません。

私が着物リサイクルを始めたのは30代前半でした。顧客は60歳前後の女性がメインでした。ビジネスをスタートさせた時点で、お客さんとは20歳以上私とすでに大きな年齢差が生じているのです。

しかも、着物の需要は年を追うごとに非常に少なくなってきているのが現実ですし、着物生地を購入する人も同じで、市場が小さくなっています。こうなると、新規客獲得も難しくライフタイムバリューもどんどん縮小していきます。

私はビジネスを始めてから、お客さんとの話の中で、「歳を取ると着物を着るのが大変になる」ということや、「視力が弱ったり、関節が痛くて、縫物などがあまりできなくなる」ことを聞いていました。ということは、何らかの理由で客離れが起き始めた時、新規客を獲得するよりも、客離れの方が多くなることから、いずれビジネスの終焉を迎えるということが安易に想像できたのです。

市場が縮小していくのであれば、インターネットなどを活用して販路（商圏）を拡大していこうという考えもあります。**販路を拡大することで新規客を取り込み、ライフタイムバリューが縮小された分を補完し、さらに別の商品を販売して、新しい利益に繋げていくというやり方**です。

一般的に考えれば、販路拡大のためにネットなどを活用することは、これからの時代は絶対無視することができませんので、やるべき施策のひとつです。

ただ私は、ライフタイムバリューの縮小と共に、着物リサイクルビジネスに限っては、撤退するという前提でしたし、コストパフォーマンスを考えた上で、ネット販売には対応しないという判断をしていました。

仮にネット販売をしていたとしても、市場の伸び、値崩れ、商品のダブつき、コストパフォーマンス等を考えても、撤退という判断は変わらなかったと思います。

市場が活性化され、新規でお客さんが集まるビジネスであれば、私とお客さんの年齢差は関係ありません。

これは**「お客さんがある特定の年代の時に通り過ぎるパターン」**に当てはまるのですが、例えば、着物は60歳前後に、常に一定の需要があるというのであれば、その年代に合わせた商品やサービスを投入していけば良いからです。

例えば、赤ちゃん用の紙おむつは、特定の年代で必要なものですが、おむつを卒業すれば購入される機会は無くなります。つまり、ターゲットが商品需要を通り過ぎたということです。商品やサービスを提供する側は、この通り過ぎる幅を広げたり、同じ年代に別の商品を展開するなどして、複合的に収益を上げようとするのです。

あともうひとつ、最近多いインバウンド消費や観光地などです。**人が勝手に集まる場所は、特に集客を意識しなくてもビジネスを成立させやすい**ので、インバウンド需要が起きている場所や観光地というのはそれだけで強みになり得ます。ただ、ベクトルが逆を向いた瞬間から一気に劣勢に立たされてしまいますので、気を付けなければなりません。

インバウンドや観光地というのはちょっと特殊なので、LTVという概念を持ち込むのはどうかと思うかもしれませんが、「平均購入単価を上げる」という意味では意識してよいと思います。ビジネスを考えるとき、この2つのパターンを理解しておくと、非常に展開をしやすくなります。

ちなみに、**仮に幅広い年代など、多くの人を取り込むような商品やサービスを扱う場合であっても、まずはターゲットを絞って、その人にメッセージを伝えていくのです。**普及率70%とも80%以上ともいわれているスマートフォンしかり、若者・ビジネスマン・キッズ・シニアといったように、ターゲットを絞ってメッセージを伝えていたことを忘れてはいけません。

ただ、**スモールビジネスでは、幅広い年齢層が扱う商品やサービスを扱うよりも、特化してしまった方が圧倒的に結果を出しやすい**ので、意識してターゲットを絞ることをお勧めします。

BUSINESS 13

扱う商品やサービスがまだ決まらない人へ

「ビジネスを選ぶ基準で重要なことは理解できたが、まだどのような商品やサービスを扱ってよいか分からない」という方がいると思いますので、少しアドバイスをしたいと思います。

結論をいってしまうと、扱う商品やサービスを絞り込むために、「テスト」を行うので、今の段階で、何かひとつに絞り込む必要はありません。ただ、その前段階で商品やサービスを選べない、という人もいるでしょう。

商品やサービスを選べない理由は、判断するための材料が少ないのと、気持ちの部分でクリアにしなければならないことがあるのが理由です。

ビジネスのネタを自分で見出せない場合は、本屋さんの起業コーナーにある、色々なビジネスのネタを探す、他にはフランチャイズの雑誌なども見ることで、どのようなビジネスが世の中にあるのかをある程度把握することができるでしょう。

その中で興味を持った商品やビジネスがあったら、セミナーなどに足を運んでください。**興味を持ったものに関しては、できる限り生の情報を取りに行く**のです。ネットなどで色々調べても、正直あまりわからなことがあるので、できる限り先入観は持たずにセミナーを受講してみるのが良いでしょう。単純にこれを繰り返せば、それらがどういった物か分かるようになります。

フランチャイズなどに加盟して、新規にビジネスを立ち上げる場合は、フランチャイザーとの契約など細かくルールが決められている場合があるので、どこまで自動化を構築できるかはわかりません。

現在はビジネスノウハウだけの提供や、自由度の高いフランチャイズ契約もあるので、フランチャイジーとしてビジネスに取組み、かつビジネス自動化を考えているのであれば、どこまで自由にやれるのかを、初めに確認することも必要かと思います。

例えば、コンビニエンスストアのフランチャイズは、ルールが厳格で自由度が非常に限られてしまいますが、ルールが厳格化されているからこそ、そのルールに則ってビジネスをこなしていくだけなので、あまり難しいことは考えずに運営できるというメリットもあります。

屋号やノウハウやシステムを提供してもらい、個人の裁量でビジネスを展開するようなフランチャイズもあります。

これはビジネスの自由度が高いため、事業主としての手腕を発揮しやすいというメリットがあります。私たちが展開する放置自転車ビジネスパートナー制度は、非常に自由度の高いビジネスモデルとなっています。

どちらにしてもビジネスなので、結果が確約されているわけではありませんが、自身が目指す形を得やすいビジネスを選択されるのが良いと思います。

色々調べてみても、なかなかビジネスをチョイスできない場合は、まだビジネスをスタートさせる段階ではありませんので、**ビジネスにチャレンジする前に、考え方や選択の基準などを明確にしていく必要があります。**これは、誰かの力が必要になりますので、起業塾のようなものに入るのもひとつかもしれません。もし、相談したいという方は、相談できる環境を作りますので、私のメールマガジンに登録してもらえればと思います。

14
BUSINESS

パクりは偵察から始まる

最短で結果を出すためには、何かをゼロから生み出そうとしてはいけません。ビジネスの現場では、クリエイティブという言葉がよく使われますが、スモールビジネスには創造性は必要ないのです。ゼロから何かを考え出したり生み出そうとすれば時間もお金もいくらあっても足りませんし、それが正解かどうか誰も分からないのです。

だから、**誰もが驚くようなことを生み出すのではなく、世の中にすでにある事例を自社にパクってお金に換えてしまうのです。**

「異業種や同業他社から良いところはパクってしまえ」ということを、耳にしたことがあると思いますが、**パクるとは偵察**のことを意味します。例えば、繁盛店に食べに行き、そこから料理のヒントを頂いてくるというのは、飲食業などでは頻繁におこなわれていると思います。「なーんだ」と思うかもしれませんが、これが偵察です。

結論をいうと、これと同じことを業種業態関係なくおこない、あなたのビジネスに取り込んでいくのです。自分の商圏外の繁盛店に行ってパクり、そこに少しだけ自分のアイデアをプラスさせるだけで良いのです。

集客も同じです。集客が上手なお店があれば、なぜ集客できているのかを偵察してその要素をパクってしまうのです。チラシで販売していたり、集客しているお店であれば、そのチラシをパクってしまうのです。**折込チラシなどで何度も見かけるチラシは、効果のあるチラシです。そういうチラシを見つけたら、自分が扱う商品やサービスに置き換えて使ってしまうのです。**

ネタバレになりますが、もう使っていないので話せる事例として、私が作った着物買取りチラシの中に、私たちがどの様な想いで着物を買取りしているか、ということを伝えている箇所がありました。

その想いに共感して電話をくださる方がとても多いのですが、その想いを書いた箇所の元ネタは、クリーニング屋さんのチラシからパクった物です。言葉を着物に変更して少しだけ文章の繋がりを変更した程度で、基本的な流れは一切変えていません。自分以外は全て先生です。先生から学び活かすのは当たり前のことではないでしょうか。

BUSINESS 15

他人の強みはあなたの強み

他人の強みはあなたの強みです。後述しますが、ビジネスには絶対に外してはならない、ビジネスの核というものがあります。ビジネスの核となるポイントの多くは集客です。それぞれのお店や業種業態によって、集客で伝えるポイントは変わってきます。俗にいうウリ（強み）ということです。マーケティング用語で**「USP（ユニーク・セリング・プロポジション）」**といいます。

例えば、駅前を中心に店舗展開をしているお蕎麦屋さんがありますが、このビジネスの集客の核は立地です。その次に価格、味、メニュー、営業時間、店の雰囲気などといった要素が利用者によってそれぞれの優先順位で並ぶかと思いますが、何はともあれ立地が集客の一番重要な核となっていますし、立地ありきで戦略を組んでいます。

スモールビジネスに限らず、立地の良いところを押さえるというのは簡単ではありません。なぜなら、良い立地というのは空きが出る前に、裏で話が決まってしまうということがほとんどですし、資本力のある所が押さえてしまうのでそもそも勝負になりません。

だから、自力で集客を考える必要があるのですが、そのためにも、あちこちで「自社独自のウリを見つけましょう。」といわれています。

低価格を打ち出しているお店、大盛り、商品やサービスの質、希少性、手作り、サイズ、品数など各々ウリとなる要素を打ち出し集客に繋げようとしています。テナントに入っていれば、独自店舗を構えているよりも集客はしやすいですが、それでもフリーのお客さんを自店に呼び込むためには、お客さんを呼び込むためのウリは必要になります。

しかし、**残念ながらほとんどのお店や会社は自社独自のウリを見つけだして市場を席巻することができていない**というのが現状です。

このように強烈なウリを見つけ出すことができればビジネスを急成長させることができるのは本当にすごいことだと思います。ここまで強烈なウリではないにしても、やはりウリは無視できない要素なので作りだして欲しいと思います。

じゃあ、ウリは一体どうやって作り出すのか？　それもパクってしまえば良いのです。

BUSINESS 16

他人のウリをパクってしまう、とっておきの3つの方法

自分でウリを作り出すことが難しいのであれば、他人のウリをパクってしまうのです。

実は、少し周りを見渡してみると、あなたよりも先に多くの経験の中から悩みに悩んで、もの凄い数の人が既にウリを作り出しているのです。

それを自社に転用するのです。たったこれだけでも恐ろしいほどのスピードの短縮になるのです。では、他人のウリをパクってしまう、とっておきの方法を3つお伝えします。

◆他人のウリをパクるやり方1つ目

地場に根を張ってそれなりの期間流行っているお店や、今流行っているお店などを調べて、そこが何をウリにしているかを調べてください。**とにかく数を調べる**ことが必要です。

次にあなたの同業者がうたっているウリを調べてください。

両方の数がたまったら、**お互いのウリを相殺**してみてください。イメージでいうと、「ウリのババ抜き」をしてしまうのです。その中で残ったもの（ババ）がウリの候補として挙げることができます。このババは、あなたに多大なる成功をもたらしてくれる素晴らしいババになるかもしれません。

◆他人のウリをパクるやり方2つ目

あなたがターゲットとするお客さんが、よく使うであろうサービスや購入する商品を扱うお店を調べます。

私のお店で着物を購入するお客さんは、着物だけを購入して生活しているわけではありません。外食もするし、車だって乗ります。当たり前ですが普通に生活をしているのです。例えば、お金持ちはお金持ちの行動をとりますし、お金持ちの感覚で消費を行います。その感覚を理解しているお店は必ず流行ります。その要素は何かを徹底的に観察し、パクって自店に取り入れてしまうのです。もちろんお金持ちに限ったことではなく、工場で働く人でも、営業職の人でも同じことです。

◆他人のウリをパクるやり方3つ目

自分の商圏外で流行っている同業のお店、類似店のコンセプト、やり方をそのまま頂いてしまいましょう。あまりにもストレートすぎて抵抗感を抱く人がいるかもしれませんが、これほど簡単で成功確率が高いパクリ方はありません。

誰かがすでに試行錯誤をしてウリを形にし、ビジネスとして成立させているという結果を出しているのですから、それをパクらない手はありません。

例えばドライブスルーも携帯音楽プレーヤーも世に溢れているほとんどの物は、誰かが考えた物がパクられてできているのです。

着物リサイクルも昔からある業種ですし、放置自転車回収もどこかで必ず行われていました。そこにビジネスとして確立させる要素をミックスさせていったことで、大きな結果を導き出したのです。世の中全て、誰かが生み出したことの上にできているのです。堂々とパクってしまいましょう。

BUSINESS 17

顧客層が同じ異業種から情報収集する方法

自社の顧客は、他のお店でも何らかの消費活動を行っているということを絶対に忘れてはいけません。だから、自社の顧客と同じ顧客をターゲットにしている会社をベンチマークすることで、自社の顧客層はどういったことに興味を持ち、意識しているのかということを把握していくのです。

同じ顧客層の異業種にお客さんが、群がっているのであれば、その会社はどのようにお客さんを集め、どのような言葉を使い、何をウリにしているか、どのような売り方をしているのか。そういったトータル的な集客や販売戦略をチェックするのです。

もし、自分の業界で使われていない言葉やウリを見つけることができたら、それだけであなたのビジネスにとってプラスの影響があります。**企業が扱う商品やサービスにばかり注目するのではなく、どのように集客しお金に直結させていているかを見ることがポイントです。**

あなたが20代女性をターゲットとしているのであれば、その年代の女性をターゲットとしている全ての会社からベンチマークをする企業を絞り込まなければならないので、非常に範囲が広く大変です。そこで必要になるのが「ペルソナ」です。

「ペルソナ」とは、あなたのお店やサービスを一番利用してくれる人は、どんな人で、何の仕事をしていて、どこに住んでいて、どこ生まれで、何歳で、性別は、名前は、年収は、ボーナスは、役職は、家族構成は、という仮想の人物を、本当に実在するかのようになるまで、明確にした人物モデルです。

このペルソナを元に、異業種を探っていくと、グッと範囲が狭まってきます。その中から集客、セールス、戦略など、お金に直結するポイントに本気で取り組み、自分の感覚に合っている会社をベンチマークするのです。

しかし、ここまでいっておいて何ですが、ペルソナをとことんやるのは非常に大変ですので、私の場合は、**何となく良さそうな所を複数社ベンチマークしながら、違うと思ったところは、ベンチマークから外す**というやり方をしています。

ベンチマークする時、特に集客に関するポイントは重要です。どういった媒体を活用しているか、そして、どのような言葉を使っているかというのも非常に重要です。

18

当事者になると冷静な判断ができなくなる

ここまでで、**どのような商品やサービスを扱うかよりも、人に焦点を当ててビジネスを考えること、きちんと利益が取れるビジネスを選択すること、がとても重要**だということを理解して頂けたと思います。

ただ注意していただきたいのは、今は理解したとしても、いざ自分が当事者となりビジネスを立ち上げようとすると、商品やサービスが儲かるかどうか、という自分視点だけで見てしまう場合が本当に多いので、このことは忘れないでください。では、これまでを一旦まとめると、

- 人は問題を解決した未来を求めている
- 経済活動全てがビジネスのネタとなる
- ビジネスとは誰かの代行で成り立っている

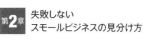

・ビジネスの成否を見分ける10の判断基準を持つ
・お金を払うのは人間。人に焦点を当ててビジネスを考える
・キャッシュポイントは複数あるとよい
・LTVは2つのパターンで考える
・ウリはパクる

このように、**商品やサービス、引いてはビジネスを選択する基準を持つことができれば、わけのわからないビジネスに手を出して、失敗のリスクを高めることは無くなります。**ただ、ビジネスを見る目が厳しくなりすぎて、逆にどういったビジネスを選んで良いか分からなくなってしまう人もいるかもしれません。

そんな場合でも、お客さんに求められていない商品やサービスは売れませんから、どんなに素晴らしいものであったとしても、扱ってはいけないということです。

とはいっても、商品やサービスがなければ売上げを上げていくことはできません。ではどのようにして商品やサービスを選択していくのが良いのでしょうか。その答えを導き出してくれるのが、テストマーケティングになります。

CHAPTER 3

失敗のリスクを極限まで低くする戦略

BUSINESS 01

テストマーケティングのメリット

ビジネス立ち上げに関するポイントを知ることで、どのようなビジネスを選択していけば良いか、ある程度の基準を作ることができるようになります。また既にアイデアがあふれ出している人もいることでしょう。

ただ、**あなたの基準をクリアした商品やサービス、アイデアなどが本当にお客さんに求められているか？　それを確かめるまでは勝負を急いではいけません。**

ビジネスを立ち上げるというのは、決してお店を出したり事務所を持つことが目的ではありません。あなたが携る商品やサービスがきちんとお金に換わり、収益を上げ、ビジネスとして成立させていく必要があるからです。

ビジネスはリスクを完全にゼロにすることは難しいですが、できる限りリスクをコントロールし最小限にすることは可能です。ビジネスとして成立させるための可能性を明確にするために、絶対に欠かせない要素が『**テストマーケティング**』です。**ビジネスの輪郭を**

明確にしていくには、『テスト』『偵察』『情報収集』の3つを欠かしてはいけません。

ビジネスで結果を出せない人の多くは、事前にテストを行い、ビジネスの可能性を確かめることなく、自分の考えだけで突き進んでしまう場合が非常に多いようです。きちんと結果の出るやり方にリソース（自社の資源）をつぎ込むことで、未来を予知しているかのごとく、結果を導き出すことが可能となります。

テストを行うことで得られるメリットを書き出すと……

- ビジネスをギャンブルではなく、理詰めで構築できるようになる
- やらないことを明確に把握し、やるべきことに集中することができる
- お金と時間を圧倒的に節約できる
- 効果のあることだけに注力することが可能となるので、さらに結果が出る
- アイデアを幾通りも試すことができる
- 人に頼らない再現性の高いノウハウを構築できる
- リソースの振り分けができるようになる
- 成功の確率を高め、失敗の確率を低くすることができる

・業種業態に関係なく応用可能な概念を手に入れることができる
・具体的に何をすればよいかを常に把握できるようになる

ビジネスは、「やってみなくちゃ分からない」というのは真実で、机の上でいくら理屈をこねくり回して考えても、本当の結果はわかりません。ただ、**やってみなくちゃ分からないことに、必要以上にお金や時間をつぎ込むことはいけません。**結果を出すことができなければ、ビジネス自動化どころか、スモールビジネスでは一瞬にして廃業へ舵を切ってしまうからです。

ビジネスをギャンブルにしないためには、不確定要素をできる限り無くしていくことが重要です。そのために、小さくテストをして、効果のあることにリソースを集中していく必要があるのです。

テストを実施した結果、解決できない問題が出てきたり、コントロールできない要素が多いと判断した時は、そのプロジェクトは中止する。判断に迷うようであれば、情報が足りていない可能性があるので、できる限り生の情報を集める。これを繰り返していくことで、ビジネスは形作れるようになります。

BUSINESS 02

テストを制する者はスモールビジネスを制す

ビジネスは、何が正解かはわかりませんが、ひとつだけ確かなことは、**いま目の前で起きていることが正しい**ということです。それを導き出すために、テストを繰り返していく必要があるのです。

・テストの最大の目的は「生の情報を集める」ことです
・生の情報が集まれば、判断を下すことができます
・判断を下し実行すれば、良くも悪くも結果という反応を得られます
・悪い結果を削除していくことで、情報の精度がどんどん高まります
・精度の高い情報持ってことにあたれば、成功の確率を高めることができます

情報がなければ、何であれ判断を下すことはできません。だから、何か始めるときは、

必ず小さくテストを繰り返し、情報を集め、精査し、洗練させ、方向性（考え方や手法など）が「〇か×か」を判断し、ビジネスのリスクを圧倒的に低くしていく必要があるのです。

ボクシングの格言で「左（ジャブ）を制する者は世界を制す」というものがあります。テストとは、ボクシングでいうなれば『ジャブ』です。ジャブはボクシングでは最も基礎的で重要な技術であるように、スモールビジネスにおけるテストは最も重要な要素です。**「テストを制する者はスモールビジネスを制す」**という心積もりで、行動に移して欲しいと思います。

BUSINESS 03

テストとしての「Ｉ・ＰＤＣＡ」を理解する

『ＰＤＣＡサイクル』という言葉を聞いたことがある人も多いと思います。ＰＤＣＡサイクルとは、Ｐｌａｎ（計画）・Ｄｏ（実行）・Ｃｈｅｃｋ（評価）・Ａｃｔｉｏｎ（改善）を重ね、「求めている効果や結果を最大限に高めていく」と理解してもらえるとわかりやすいと思います。ビジネスを構築するには、『ＰＤＣＡサイクル』は非常に重要です。

今でこそ、この言葉が一般に認知されていますが、私が廃業から復活する当時は、このような概念をほとんど見かけることはありませんでした。ただ、失敗できない状態で、しかも使えるお金がほとんどなかったことが、独自のＰＤＣＡを構築することになっていたのです。

復活の過程で私は、失敗できない状態であれば、失敗しないようにしていけば良い、ということを学んだのです。**失敗しないようにすることが、確実に成功へのきっかけを掴むことができる真の秘訣、というのはあまり明かされてこなかったビジネス成功法則のひと**

つかもしれません。

ＰＤＣＡで一番重要な要素はＰｌａｎ（計画）です。プランが間違っていたら、どんなにＤｏ・Ｃｈｅｃｋ・Ａｃｔｉｏｎを重ねても結果を出すことができません。結果が出なければ、ビジネス自動化は作れませんので、まずはＰｌａｎ（計画）を固めていく必要があるのです。

スモールビジネスにおけるテストとは、Ｐｌａｎ（計画）ありきのＤｏ（実行）・Ｃｈｅｃｋ（評価）・Ａｃｔｉｏｎ（改善）ではなく、**Ｐｌａｎ（計画）が○か×かを仕分けるためのもの**なのです。

では、そのＰｌａｎをどのように見極めるのか？

それが、**「テストとしてのＩ・ＰＤＣＡ」**です。Ｉとは、イメージ（Ｉｍａｇｅ）のアイです。計画の前には、ぼんやりとしたイメージとか構想とか仮説という物が必ずあります。それをまずはある程度輪郭だけでも整えてあげられないと、プランを立てることはできません。

私はとにかく「考えている暇があるなら、Ｄｏ（実行）、Ｄｏ（実行）、Ｄｏ（実行）！」

と伝えています。「実行無くして結論無し」という考えは常に変わりません。ただ、やみくもに実行するだけでは結果を導き出すことができないことも真実です。そのためには、生の情報を集めながら、ぼんやりとしたイメージを固める必要があるのです。

04 BUSINESS

テストの段階では完璧な商品はいらない

実際に私がテストを行う時にどのように実践しているか。

その話をする前に、少し思い出してほしいのですが、１章でお伝えした、ビジネスの大前提を覚えているでしょうか？　そう、「お客さんが抱いている問題を解決すること」でした。なぜなら、どれほど素晴らしい商品やサービスであっても、お客さんが求めていなければビジネスとして成立させることはできないからです。

つまり、**テストとは「あなたが扱う商品やサービスが求められているかどうかを試すこと」。この一点です。**求められていることが分かれば、失敗のリスクを極限まで低くすることができます。

ビジネスが失敗する理由は、売れるかどうか分からないコトやモノに、お金と時間をかけすぎてしまうからです。スモールビジネスでは、大きな失敗は一度すると取り戻すのにとても労力を使いますし、ビジネス自体を一気に窮地に立たせてしまいます。そうならないために、テストを行うのです。

このように考えると、正式にリリースする前に、商品やサービスを完璧に作り上げていくことが、どれほど危険をはらんでいるか、ということを理解してもらえると思います。

少し回りくどいい方をしましたが、何をいいたいかというと、**テストの段階では、商品やサービスは無くても良い**、ということです。あなたがイメージしたテストとしてのI・PDCAの「I」がどのような反応を得ることができるのかを、見込み客にぶつけるのです。

ビジネスをしようとすると、多くの人が商品やサービスを完璧に準備しようとします。店舗を用意し、商品を用意し、備品を用意し、スタッフを揃え、さぁオープン。これが一般的な常識なのですが、私は求められているかどうか分からないことに、お金や時間を使うことに恐怖しか覚えません。

05 BUSINESS

ゼロからのスタート時はリアルで試す

全くのゼロからビジネスを立ち上げる時は、リアルの反応を集めてください。リアルでテストをする理由は、直接顔を見ながら反応を知ることができるからです。ネットビジネスでもリアルの声は大切です。

私が着物リサイクルを始めた時は、まず初めに着物の買取りチラシを作り自分でポスティングをしていきました。電話も自分で受けます。

連絡があれば、自分で着物を買取りに行って、「何で知ったの？」「何で着物売っちゃうの？」「うちを知らなかったらどうしてたの？」という生の声を集めていきました。そういう生の声を、チラシに反映したり、ビジネスに落とし込んでいったのです。

着物が集まることが分かったら、次にどうお金に換えていくかを試していきます。テストの段階ではビジネスとして成立させられるか不明なので、もちろん無店舗です。無店舗であればネットで売るという選択肢があるのですが、催事販売というやり方で、あくまでお客さんと直接触れ合うことを考えました。

こうすることで、**どういった商品を求めているのか。他店に対する不満。お客さんが抱える課題。といった生の情報をリアルタイムで集めていった**のです。

ビジネスでは勘だけで大金をかけて動くことは避けなければなりません。そのためには、お客さんの声を直接聞きながらプランを固めていく必要があるのです。その際、連絡先を聞いておくことは忘れないでください。

連絡先を知っていれば後から連絡を取ることができるので、私は「また催事をやる時に連絡させてもらいますね」と言って、住所と電話番号と名前を書いてもらい、引き換えに次回使える割引券をプレゼントしました。

特にビジネス立上げのテストの段階では、商品やサービスの特性上、インターネットを主戦場とする場合でも、できる限りリアルを活用してください。ネットに限りませんが、非常に多くの場面で用いられ、インターネット集客では特に相性の良い手法として、オファーというものがあります。

オファーとは簡単にいうと「○○してくれれば△△してあげる」というものです。街頭でもインターネット広告や通信販売などでもよく見かけると思いますが、「来店してくれたら割引券プレゼント」とか、「一個買うともう１つプレゼント」、「送料無料」、「サンプルプレゼント」、「おかわり無料」といったものです。

簡単にいうと、相手にメリットを与えてこちらが意図する行動をとってもらうこと、です。**ネットでもリアルを活用するとは、オファーなどの申し込みフォームに、電話番号を記載してもらうのが一番簡単な方法です。**登録があったら、電話して直接声を集めてください。直接集めた声があなたのビジネスを作るために必要なタネとなっていきます。

この手法では、申し込み（登録）をさせる時には、メールアドレスだけといった、最低限の情報を登録させるというのが一般的です。

入力する情報が少なければ少ないほど、反応を取れるという理由からです。もちろん余計な情報を集める必要はありませんが、**私は必要な情報であれば、反応が少しくらい落ちたとしても、しっかりと集める必要があると思っています。**

本当にあなたが提示している商品やサービスに興味を持つ人であれば、少しくらい入力項目が多くても、登録してくれるはずです。**単に登録者数を増やすよりも、質の高い登録者を集めた方が、その後のビジネスに直結してくる**と私は思っています。

06 BUSINESS

テストでは上手く行かないことを歓迎する

テストはとにかく試し、絞り込んでいくことですので、実際にやりながら、うまく行かないことも、問題点も見つけることができます。

私は出てくる問題を「コントロール、シンプル、リスク」といったフィルターにかけて精査していきます。問題の中にうまくクリアできない要素が含まれている場合は、その箇所を無くしたり、それ自体を止めるという判断をします。

なぜこれらを常に精査しているかというと、ここで結果の出たやり方がノウハウとなるからです。

何度もいいますが、テストは試すということです。テストの段階で全てを成功させようとは考えないでください。全てのことを成功させることは不可能ですし、そんなことを求めようとすればするほど身動きが取れなくなってしまいます。

上手く行くこと、行かないことを知り、ビジネスを形作るために情報を集めるというのがテストの目的です。だから、**上手く行かないことが出てくるということはとても良い兆候と捉えてください。**

私がアクセサリーショップを開業した時、指輪を１００個ほど仕入れたのですが、指輪は小さいので、売り場に並べてみると、陳列棚が全く埋まらないということが起きました。しかも指輪にはサイズがあるので、お客さんがデザインを気に入ってもサイズが合わなければ購入されません。

ひとつのデザインに複数のサイズを用意しようとすると、それだけで在庫がどんどんと増えていきます。しかも売れ残りは在庫となるのです。今となれば笑い話で済みますが、こんな当たり前なことをお店をオープンしてから知ったのです。私ほどひどくはないにせよ、テストも何もせずにビジネスを始めるということは、こんなことすら分からない時があるのです。

07
BUSINESS

現場から集める情報の価値

テストの段階では特に、お客さんの生の声を集めることが大切だとお伝えしました。それと同時に、現場から集める情報は、ビジネスを構築するためのＰｌａｎ（計画）を固めていくために重要な要素となります。

それを私は**「質の高い情報」**と呼んでいます。質の高い情報を集めていけば、質の高い判断ができるようになり、良い結果を出せるようになります。

- 質の高い情報とは「生の一次情報」です
- 生の一次情報は、現場やリアルから集めることができます
- 生の一次情報は、結果が出ようが出まいが、それ自体にとても価値があります

例えば「〝Ａ〟という売り方をやってみたが思っていた効果が出なかった」という結果

が出たとします。とてもざっくりした例ではありますが、ダメだったという結論が出たということは、次に生かすための大きなヒントをもらったということです。

この結果に対して、なぜダメだったのか、そもそも仮説は正しかったのか、といったことを精査し、次に生かし質を高めていきます。

今は、インターネットで検索すれば色々な情報が出てきます。ネット検索は便利ですし、上手に使えばとても素晴らしい恩恵をもたらしてくれますが、ネットで得られる情報は、誰でも得ることができる情報です。

ネットの情報は、誰かが書いた二次情報や三次情報が非常に多く、出どころも不確かな情報なので、そこにはウソ（ノイズ）も多く紛れています。このノイズを仕分けするには、生の情報が必要になるのです。

判断が付きにくい情報であれば、さらに生の情報を集めることが必要となります。結局、自分でテストを繰り返して集めた情報の積み重ねが、血肉となり情報の質を高め、より正しい判断を下せるようになり、成功の確率を高めていくことに直結するのです。

そのためには、テストとしてのＩ・ＰＤＣＡを意識して、イメージや仮説を立てたら行動に移し、できる限り一次情報を集めていくのです。

BUSINESS 08

生の一次情報は、あなたにお金を払ってくれる人から集める

生の一次情報とは、あなたが求めている情報に近い所から手にする情報です。ターゲットが明確であれば、インターネットを活用しても良いですが、ある程度情報が精査されるまでは、できる限り直接会うなど、リアルで情報を集めるようにすると良いです。

「情報に近い所」とは、あなたに近しい人という意味ではなく、基本的にはあなたにお金を払ってくれる人と、それに関係する人です。

・あなたにお金を払ってくれる人（お客さん）
・あなたが扱う商品やサービスを扱っている人（同業他社の店員など）
・同業他社やライバル店（商品ラインナップや集客媒体などの情報収集）
・顧客層が同じ異業種（見込み客の趣味嗜好）

生の情報を集める最善の方法は、「お客さんに聞く」ということです。お金を払ってくれる人に、「なぜ私から買おうと思ったのか？」「何に使うのか？」「何で知ったのか？」ということを聞いていくのです。

売り手は商品やサービスの知識はあっても、お客さんを理解していない場合が多いので、お客さんを理解すればするほどお金を稼げるようになります。お客さんは商品を売り手が思ってもみない様な使い方をしていたり、提供するサービスに別の思惑を持っていたりということがあります。

私は着物に関しては全く無知でしたが、ボロボロの着物を買う人には何に使うのかを聞き、最終的に着物生地の計り売りという形になりました。柄物の着物を買う人から話を聞いて、『一閑張り（いっかんばり）』という商品を作りました。お客さんが求めていることを知ることは、新しいニーズの発見になります。それを発見したら、他のお客さんにテストしてみるのです。この時、お客さんの希望は聞かないようにしてください。

テストの段階でお客さんの希望を聞くと、本来求めている情報と異なった情報が紛れ込み、判断に狂いが生じます。希望ではなく事実を確認することが、お客さんから生の情報を集める秘訣です。

CHAPTER 4

集客するために外せないこと

01 BUSINESS

集客は自動化できる最たるもの

スモールビジネスを成功へ導くために、絶対に外せない要素は集客とセールスです。**集客を上手に行えるようになると、セールスはものすごく簡単になります。しかも、集客は自動化できる最たるもの**です。

集客とは、「見込み客へどのようにリーチ（接触）し、あなたの元へ動いてもらうか」ということですので、私がビジネスを考えるときは、見込み客はどこにいるか？　見込み客にどのようにリーチするか？　どのようにして受け入れてもらうか？　ということを最重要視して作り上げていきます。

テストの段階で「集客できない。売れない」というものは、求められていない（ニーズが無い）と判断し、否応なしに中止にします。

集客とセールスは一連の流れで考え構築していく必要がありますが、集客するときには集客にだけ集中してください。集客の施策を打つ時に「儲けよう！」ということは考えてはいけません。

集客の目的は、あなたが扱う商品やサービスに興味があるかないかを振り分け、興味を持った人があなたの元に集まるようにしていくことです。

ビジネスで結果を出せない人の多くは、集客とセールスをごちゃまぜにしてしまい、集客したいのに、自分のことや商品のアピールばかりをしたり、価格表を前面に押し出したり、自社の認知を高めようとしてしまい、集客という目的からいつの間にかズレたメッセージを発するようになっているのです。

集客をするということは、情報発信をするということです。あなたの商品やサービスに興味を抱く人たちに、**正しいメッセージを届け、アクションを起こしてもらう。**そのためには、どのような手段（リアルやネットなどの媒体）を活用してリーチしていくのかを考えなければならないのです。

目的に沿った正しいメッセージを届けるというのは、インターネットで簡単に情報発信できるようになった現代だからこそ、多くの情報に埋もれさせないようにするためにも、特に強く意識しなければならないことです。

お客さんに適切なメッセージを伝えることができれば、セールスは驚くほど楽になりますので、まずはあなたが求めているお客さんに向けて、適切なメッセージを届ける努力をしてください。

もし、反応が思うように取れない場合は、あなたが扱おうとしている商品やサービスが求められていない可能性がありますが、ターゲットが間違っている、媒体が間違っている、市場が間違っている、そもそも伝え方が間違っている、という場合が実は非常に多いので、反応が取れないからダメなんだ、と諦めてしまうのはもったいないです。

反応が無い場合は、伝え方やターゲットや媒体などを変えながらテストを重ねてください。この時一度に全てを変えると、何が原因か分からなくなってしまうので、反応が取れない理由が不確かな場合は、ひとつずつ変えていくのが良いでしょう。

BUSINESS 02

プルとプッシュで考える

集客にはプルとプッシュという2通りの考え方があります。

プルとは**「待つ」**という意味で、実店舗であればお客さんが来てくれるのを待っている状態、インターネットであれば、何らかのキーワードで検索され、ＷＥＢサイトに来てくれる状態と考えてもらえればイメージが付きやすいでしょう。

プッシュとは**「こちらから積極的に接触していく」**ということです。見込み客やお客さんへ、チラシやＤＭ（ダイレクトメール）やメールマガジンなどで、売り手からアプローチをかけるといった手法です。

プルとプッシュは、どちらが優れているということではなく、戦略的に両方活用することで、より効果を高めていくことが可能となります。

例えば、チラシを活用（プッシュ）してＷＥＢサイトに誘導（プル）するといった流れを構築することで、より多くの情報を伝えることができますし、ＷＥＢサイト上でＬＩＮ

Ｅやメールマガジンなどに登録（プル）してもらうことで、こちらから積極的に情報を提供（プッシュ）することが可能となります。

飲食店などでは、来店客（プル）に対し、ＬＩＮＥに登録（プル）してもらい、お昼時などにランチの案内を出す（プッシュ）という流れを良く目にすることがあると思います。

大手飲食チェーン店などでは、集客につなげようと、お昼休み時間や帰宅時など、丁度ニーズが高まるタイミングで、積極的に情報発信をしてくる場合が多いので、身近な参考になると思います。

インターネットでは特に、検索を筆頭に誰かに見つけてもらう（プル）という性質が強いため、ＷＥＢサイト、ブログ、Ｔｗｉｔｔｅｒ、Ｉｎｓｔａｇｒａｍ、Ｆａｃｅｂｏｏｋページ、ＹｏｕＴｕｂｅなどを活用して情報発信をし、複合的に露出を高めて行くことも必要になってきます。

ただ、企業だけでなく、副業を行う個人なども、こぞってインターネットを活用したビジネス戦略を取り入れているので、例えばブログやＩｎｓｔａｇｒａｍを一生懸命更新しても、見つけてもらうのは簡単なことではない、という現実は理解しておいてください。

情報を発信しているだけでは見つけてもらうことが難しいという現実を打破するために、

露出を高めるための施策として、広告等を活用していくことになるのですが、広告モデルはお金を使えるところが圧倒的に優位になってきます。

インターネットは、簡単に情報発信ができたり、反応を即座に知ることができるといった多くのメリットがある反面、**本気で取り組まなければ、他の雑多な情報に埋もれてしまう**可能性が非常に高く、しかも本気で取り組もうとすればするほど、お金も時間もかかるという構造になってきているのは否めません。

だからといって、集客に対して何の手立ても打たなければ、さらに雑多な情報に埋もれてしまい、ビジネスが成り立たなくなってしまいます。

そうならないために、今お伝えした背景を理解しながら、結果を出していく施策を考え打ち出していかなければなりません。そのベースになるのがプルとプッシュの性質を理解し、どのように仕込んでいくかということです。

せっかくですので、本章を読み進めて行くにあたり、プルとプッシュの関係を意識して読み進めてもらえると、違った気付きがあると思います。

BUSINESS 03

ネットとリアルの垣根はいらない

ネットビジネスに長けている人は、いまさらチラシなどの紙の媒体なんて使っても意味はない、という方もいますし、リアルでビジネスを展開している人は、ネットを使っても集客に上手く結び付けられない、という方もいます。

これら両方の意見はとても理解できるのですが、そもそも**ネットとかリアルといった垣根を作ること自体が、意味の無いこと**だと私は思っています。

なぜなら、プルとプッシュという概念を持って集客を考えた時、**ネットだろうがリアルだろうが、最も勝ちやすく効果を出せる環境を活用していけば良い**と思っているからです。

だから私は、紙のチラシも電話営業も活用しますし、インターネット広告も情報発信もしているのです。そこにはネットやリアルという表面的な話しではなく、プルとプッシュという概念を持って仕掛けをちりばめているのです。

これからお伝えする事例は、リアルの話が多くなりますので、ネットを中心にビジネスを構築している人から見ると、少しイメージを描きにくい場面が出てくるかもしれませんが、その時は、自身に身近な集客ツールや媒体に置き換えて読み進めてほしいと思います。

それよりも、**どのような考えや概念を持って、集客というビジネスでは絶対に外すことのできない要素を作り上げているのかを感じ取ってほしいと思います。**そうすることで私がお伝えしたい真意が伝わるのではないかと思います。視野も広がり日常の見え方が変わり、あなたのビジネスにプラスの影響が生まれるはずです。

スモールビジネスを構築するということは、全てあなたの思考が直接反映されることを意味します。だから、常に自らの思考を高めて行く必要があるのです。

しつこいようですが、ネットやリアルという垣根で区別するのではなく、思考と背景を感じ取ってほしいと思います。

04 BUSINESS

顧客のステージで分かれる集客プラン

集客とひとことでいっても、新規客を集めるのか、リピート客を集めるのか、昔はお客さんだったが今は足が遠のいてしまった休眠客を集めるのか、それによって打ち出す内容も手法も変わってきます。

すでにお店や商品を販売しているのであれば、まずはリピート客を集める手立てを打ちますが、ビジネスを立ち上げたばかりの時は、お客さんは少ないので、新規客を集めなければなりません。

そして時間の経過とともに、以前は来店してくれていたり購入してくれていたお客さんが、何らかの理由で購入しなくなる場合が出てきます。そこにもアプローチは必要になってきますが、休眠客の掘り起こしは最優先事項ではありません。

ビジネス立ち上げ当初➡新規客を集める

すでにビジネスをおこなっている⬇リピート客にアプローチ
ビジネス立ち上げ後時間が経過⬇休眠客にアプローチ

このように集客をバラしてみると、**新規客を集めたら、リピート客へと育成し、なるべく休眠客にならないようにしていく**ことで、ビジネスを安定させることが出来るというのが見えてきます。

ビジネスで収益を上げるために必要なことは、『集客』『リピート』『十分な利益』です。

正直、これをしっかり構築できれば、インターネットで情報発信をしたりしなくてもビジネスは回せるのです。

そして、ビジネスを軌道に乗せ、あなたが現場から離れるようにするには、集客とリピートの流れを仕組化していくことは必要不可欠となります。では、実際にこの３つの施策をどのように行うかを見ていきましょう。

BUSINESS 05

新規客を集める

◆集客の秘訣は見込み客をあぶりだすこと

あなたの商品やサービスを求めている人が、あなたの元へ集まってくるような流れを構築してしまえば、特別なセールススキルを持たなくても、ビジネスを上手く進めて行くことが可能になります。

極論をいってしまえば、ビジネス自動化の秘訣は、集客とリピート客の自動化を構築していくことです。スモールビジネスの多くは、集客が出来て売上げが上がれば解決できてしまう問題がほとんどです。

ビジネスで結果を出すためには、見込み客をどうやって集めていくかが、非常に重要になります。そのためには、きちんとやるべきことをやる必要があります。何もせずに「お客さん来ないかなー」といっていても誰も来てくれないのです。

集客は効果のあるメッセージを正しく届けることが出来れば、ビジネスを一気に楽にさせることが出来ますし、ビジネスをすんなり軌道に乗せる可能性が高まります。

ただ、集客で一番困ることとは、自分がターゲットとしているお客さんがどこにいるのか分からないということです。つまり普段は自社のサービスや商品を求めている人がどこかに埋もれてしまっているということです。だからまず適切なメッセージを届け、お客さんを顕在化させる（あぶりだす）必要があるのです。

つまり、**集客の秘訣は、お客さんを顕在化させ、そこにアプローチすること**です。

ターゲットを明確にする必要性は耳にしたことがあると思います。もちろん大切なことです。しかし、ターゲットを明確にしてもターゲットがどこにいるのかわからないという現実があるのです。

だからいろいろな方法で、将来お客さんになる可能性のある人（見込み客）を見つけ出すために、インターネット、チラシ、ビラ、フリーペーパー、ミニコミ誌、新聞、看板、ラジオ、テレビなど、とにかく目に入るもの全てを媒体と捉えて、見込み客に何らかのアプローチをして顧客を顕在化させて行くのです。

取り扱う商品によって、商圏のとらえ方、やり方、使用する媒体といったものは変わってきますが、いずれにせよ**ターゲットを顕在化させることができれば、ビジネスを優位に進めることが出来るようになります。**

◆集客は『群れ』を探せ

私が集客を考えるときは、まずは『群れ』を探します。『群れ』とはターゲットが集まる場所や目を通す媒体や所属する組織などです。**ターゲットが集まっている場所にメッセージをダイレクトに届けることができれば、少ない手間とコストで仕掛けを打てるので、一気に集客が楽になります。**

ターゲットが顕在化されている群れは、すでに多くの人たちがアプローチをしている場合が多いのですが、例えば、業界が主に法人を対象にしていたサービスを、あなたが個人向けに展開する時などは、すっぽりと手付かずになっている場合がありますので、まずは群れを探すということを意識してみると面白いと思います。

『群れ』は色々な括りで考えることができます。職業、収入、役職、趣味、地域、独身、既婚、性別、年齢、社会的信用、ライフスタイルなどです。ここから具体的に群れを見つけるには、ひとつ軸になる括りをピックアップします。

例えば社会的信用というのは、ローンの審査の通り安さですので、こういう人たちはどこにいるかを考えます。大企業の社員や公務員というのは、社会的信用が非常に強いので、大きな買い物をしてもらいやすい傾向があります。その人たちをさらに掘り下げます。

公務員であれば、学校の先生、警察官、消防士、役所の職員などの職業が思い当たります、ではこの人たちが群れている場所はどこか、それに接触するにはどうすればよいか、ということを考えていくのです。

かなりざっくりとした感じでお伝えしていますが、多くの人が『群れ』を狙い撃ちするという意識が足りていないように感じます。**『群れ』を明確にしてしまえば、その群れだけに向けたメッセージを届けることができるので、そのメッセージは驚くほど強力なメッセージとなるのです。**

インターネット上では、様々なコミュニティーが作られています。もちろんあなたがターゲットとする人たちのコミュニティーも作られていると思います。ネットのコミュニティーは、非常にわかりやすい『群れ』ですので、あなたが求める群れを見つけたら所属してみるのが良いでしょう。

しかし、ここで注意が必要なことは、儲かっていない時やビジネスをスタートさせたばかりの時というのは、すぐに売り込みをしてしまいがちということです。

個人的には、コミュニティーに属してすぐに売り込みをするのは、あまり良い反応を得ることができませんし、信用にも関わってきます。もちろんコミュニティーのモラルに反する場合もあるので、ガツガツした売り込みは控えた方が良いと思います。

お互いにガツガツ売り込みをしているコミュニティーもありますが、人を金としか見ていない様に思えてしまうので、個人的にはお付き合いしたいと思いません。

私は人に会ったり、交わるのが面倒なので、何かのコミュニティーに属するということは、基本的にしませんし、何らかの集まりに行ったとしても、ガツガツ売り込みをすることもしません。

その代わり、コミュニティーに属している人たちが、**どういう悩みを持っているのか？どういった媒体から情報を得ているのか？　どうやって解決しているのか？　といった話を聞くことに専念します。**

集客の原点は「興味を持ってもらう」ことと考えていますので、何らかのコミュニティーに属する場合は、自分からガツガツ売り込んでいくよりも、まずは生の声を集め、その生の声を元に、あなたがターゲットとする人たちに興味を持ってもらえるようなメッセージを作り上げていくことが重要だと思います。

ちょっとコミュニティーに参加して、瞬間的に売り込んでちょっと売り上げを作ったところで、しっかりとしたビジネスを構築することはできません。そんな自分本位なことをするのであれば、しっかりと聞き役に回り、次につながるヒントを得た方が何倍も意味があると私は思うのです。

生の情報から作り上げた適切なメッセージを活用することが、顧客のあぶりだしやストレスのない集客に繋がり、セールスにも最大の効果を発揮してくれるようになっていくと私は信じていますし、そうやって結果を出しています。

私がなぜこれほど顧客のあぶりだしを意識するのかというと、ＢｔｏＢだけでなく、ＢｔｏＣのビジネスも沢山手掛けてきたからです。

特に着物リサイクルでは顧客が埋もれていて、どこにいるのかが全くわかりませんでした。そういった状況から地域一番店を構築するには、より深く考察する必要があったのです。それらの経験が、ネットやリアルの一方に偏ることなく、結果を導き出す力をつけることになったのです。

06
BUSINESS

適切なメッセージで振り向いてもらう

顧客をあぶりだして集客をするには、まずあなたが扱っている商品やサービスを求めている人へ向けて、適切なメッセージを届けることから始まります。

適切なメッセージとは、「私のことを分かってくれている」という理解の共有と考えることができます。そのためにはお客さんが抱いている不満や不安を知ることが重要ですが、この点に関してはテストの段階である程度把握できていると思います。もし把握できていない場合は、もう一度テストを行い生の声を集めるようにしてください。

最も簡単でストレートなメッセージは、「あなたはどんな悩みを解決してくれる人なの?」ということを伝えてあげることです。

仮に畳屋さんであれば、『畳表の張替えや畳床の入れ替え』をすることが商売となりますが、単純に「畳を張り替えます。安いです。50年やってます。頑張ります!」と伝えても、メッセージとしては非常に弱いです。

それよりも、**「畳のささくれが洋服に付いてお困りの方へ」**と伝えてあげた方が、メッセージとしてはより強力なものになります。その上で解決策を提示してあげる。

これに付随して、畳が擦り切れてささくれが出て困っている状態の写真や、それがもたらす弊害、先述した『ウリ（あなたの強み）』やオファーなどを伝え、実はこんなに安く張り替えができるんですよ、しかも50年も地域に密着して頑張ってきたから安心して頼めますよ、と伝えていくのです。

このように**適切なメッセージを作り投げかけることが、見込み客をあぶりだし、ストレスの無い集客やセールスへと繋がっていくのです。**

もちろん、ひとつの商品で解決できることがひとつとは限りません。畳は空気をきれいにしてくれる、湿度を保ってくれる、といった効能があるはずなので、そこから解決できるメッセージを作り、新たに別の案内を作成し伝えてあげることで、また別の顧客をあぶりだすことができます。

例えば「夜に咳き込んでゆっくり眠れない方へ、もしかしたらフローリングのホコリが原因かもしれません」というメッセージを投げてみるのも良いかもしれません。

なぜフローリングだとホコリが溜まってしまうのか、ホコリはどういう害を及ぼすのか、それを解決するには何が良いのか、色々あるが畳が良いよ、なぜなら……、と続けていくのです。

例え話なので、咳き込むことと畳の関係は実際わかりませんが、夜に咳き込んでゆっくり眠れていない人は、このメッセージを見たら「私のことだ。私の悩みを分かってくれている」と思ってくれる確率は、単に「畳は空気をきれいにします」と効果ばかりを伝えるよりは圧倒的に高いはずです。

ホコリの話であれば、空気清浄機でもメッセージを発信していると思います。**同じ効果・効能を伝えている別の商品があれば、先述したように、それを畳に置き換えてパクってしまうというのもひとつの方法です。**

適切なメッセージを媒体に落とし込む話しをし始めると、ライティングスキルやチラシの作り方の話になってきてしまうのですが、それよりもまずは、あなたが使う商品やサービスはどのような問題を解決させることが出来るのか？　ということを把握した上で、人が感じている不安や不満と、あなたが解決できる要素の接点を意識することが、適切なメッセージを作るために重要となります。

適切なメッセージを作るという意識は、ビジネス自動化を構築する上でとても大切です。

後述するトークスクリプト、営業やセールスなど、効果のある適切なメッセージは、人に依存せずに結果を出せるものだからです。

ライティングやチラシの作り方に関しては、非常に多くの書籍を目にすることができますので、それらを読まれることをお勧めします。

もし、どういった書籍を選択してよいか分からないという場合は、弊社ゲートプラスのホームページにて『ビジネスを成功へと導く必読書リスト』をプレゼントしておりますので、プレゼントを受け取り参考にして下さい。

BUSINESS 07

集客媒体の活用法と考え方

◆扱う商品やサービスによりチラシの打ち方が変わる

適切なメッセージを作ったら、まずはテストを重ねて反応が取れるかを確かめてください。**初めから完璧なメッセージを作ろうとすると、時間だけが過ぎて行ってしまいますので、まずはテストで反応を見るのです。**

テストの結果、反応が分かったら次のステップに移っていくのですが、ここではリアルでの広告戦略について触れていきます。リアルでの広告戦略は、あなたが扱う商品やサービスによって、アプローチする方法と商圏が変わります。

例えば、日用雑貨を扱っているのであれば、同じようなお店があちこちにあるので、まず考えなければならない商圏は、あなたのお店の近隣になります。

普通に考えて近隣にお店があるのに、洗剤を買うためにわざわざ車で1時間離れたお店には行かないので、例えば半径1kmぐらいの範囲のお客さんを確保していくことがとても重要になります。東京のように商圏人口が密集している場合は、非常に小さな商圏になるでしょう。

つまり**コモディティー化（一般化）され、かつリピートされやすい商品は、お客さんが住んでいる身近なお店で消費されるので、お客さんに選ばれ、お客さんを確保していく必要がある**のです。

それに対して、冷蔵庫やテレビなどの耐久消費財などは、頻繁に買うものでも、買い替えるものでもありません。私が扱っていた着物リサイクルも同じ考えです。このような、**購入頻度が低くリピートされにくい商品を扱う場合は、商圏を広く取る必要があります。**

コモディティー商品のような場合は、広告を出す範囲を絞って回数を出し、着物の様な需要が少なく見込み客が顕在化されていない商品やサービス、耐久消費財などの買い替えが頻繁ではない商品などは、広告範囲を広く取り回数を少なく出す、ということが必要になるのです。

例えば、毎月の広告予算を10万円とした場合、前者の場合は2万円で出せる範囲に毎月5回広告を出す、後者の場合は、10万円の範囲に毎月1度だけ広告を出す、といった戦略が非常に実践的で反応を取ることが可能となります。

広告媒体には、フリーペーパーや地域で発行するコミュニティー新聞などありますが、それ単体に広告を出稿するよりも、クロスメディア戦略として、折り込みチラシなどと組み合わせることで、より効果を発揮するようになるのです。

もちろん、紙媒体からＷＥＢサイトへアクセスさせたり、プレスリリースのタイミングと広告を出すタイミングを併せたりとすることで、より高い相乗効果を得ることが可能となります。

このように、**取り扱う商品やサービスによって、商圏も変わり広告の出し方も変わってくる**ことを理解してください。こういった背景にある戦略を無視してお客さんを集めようとすると、無駄に経費を掛けたり、結果を出せない施策となってしまうので注意が必要です。

BUSINESS 08

他人の資産の活用がビジネス成功のカギとなる

ビジネスで結果を出してこられた最大の要因のひとつは、『他人の資産を活用する』という概念です。 スモールビジネスでは、この概念を徹底的に理解し活用することが非常に重要になってきます。

私が着物リサイクルを始めた当初、催事販売を行いながらビジネスのテストを重ねていったことはお伝えしましたが、その後の展開で、地元で30店舗以上ある地域一番店のスーパーにて、リサイクル着物の出張販売をさせてもらうようにしていきました。

なぜ、このような販売方法をしたのかというと、商圏が広く人口密集度が低い土地柄という背景があったからです。

チラシを広範囲に撒いたとしても、1店舗だけでは、遠方のお客さんに来店してもらうことは難しいという現実もあります。商圏を細分化すればこれらの問題は解決しますが、着物という商品は商圏を広く取る必要があることは前述した通りなので、商圏の細分化は選択肢としてはありません。

かなり大きくまとめると、ビジネス展開のボトルネックとして、

・リサイクル着物及び古布（古い着物生地で手芸に使う）という商品の特性上、見込み客を顕在化するのが大変

・購入頻度が高くない商品なので商圏を広げていく必要があるが、店舗展開による商圏拡大はリスクが高い

・広範囲にチラシを撒いて顧客をあぶりだしたとしても、土地が広いので店舗に足を運んでもらうのが大変

ということが挙げられます。

そこで考えたのが、**お客さんの行動範囲に飛び込んでしまえ**、ということでした。

私たちが人の集まる場所に出向き（プッシュ）、その場で興味ある人を見つけ（プル）、売上げを立て、さらに会員登録（プル）をしてもらい、定期的にお客さんと接触（プッシュ）していくというやり方を考えたのです。

場所をお借りするということは、売上げの一部を場所代としてお支払いする必要がありますが、出店、人材、集客、販促、在庫、時間、管理といったコストや手間を考えても、圧倒的にリスクなく展開することが可能となります。

ここでは出張販売の例を挙げているだけで、**他人の資産を活用するという考えは、ビジネス全てに当てはめて考えることができます。**

他人の資産を活用するには、活用させていただく相手にメリットを与えることが出来るほど、許可を得やすくなって行きます。メリットはお金などの直接的な場合もありますが、相手が不足していることなどに力を貸すなど、喜んでもらえれば、何でも良いと思います。

例えば、放置自転車撤去事業で、自転車を撤去するためのトラックも、撤去してきた自転車を保管する場所がないにもかかわらず、高い収益を上げているパートナーがいます。

私たちは、出来る限りコストをかけずにビジネスを構築していくことを考えるので、撤去してきた自転車を保管する場所や、撤去するために必要なトラックにできる限り余計なお金を掛けたくない。しかし、輸出業者は自転車を沢山集めたい。

そこで、お互いの資産は何かと考えた時、輸出業者はトラックも保管場所も持っているが、自転車を自力で集める力はない。パートナーは自転車を集める力はあるが、トラックと保管場所がない。

ということで、輸出業者からトラックを無料で借りて、自転車を撤去し、撤去した自転車を輸出業者が持つ保管場所に置いておいてもらう。しかもガソリン代は輸出業者が負担する、といった関係を構築したのです。

輸出業者は、トラックと保管場所を提供することで、自転車が集まりお金に換えることが可能となりますし、パートナーは経費を掛けずに自転車を集めることが出来て、現金化していくことが可能となるのです。

一般的な常識で考えると、ビジネスに必要なものは、全て自社で揃えるというのが当たり前ですが、**自社で全て完璧に揃える前に、自社以外で既に持っている人たちを巻き込むことは出来ないか、他者が持っている環境を活用できないか、ということを考えることが、リスクを最小限にし、最大の利益を導き出すために必要**な思考なのです。

自社の商品を委託販売してもらう、自社のチラシを他店に置いてもらう、ネットで商品やサービスを紹介してもらう、といった身近な活用から考えてみましょう

09 BUSINESS

リピート客を集める

◆リストマーケティングを知る

リピート客とは、一度あなたから商品やサービスを購入したことのあるお客さんです。**ビジネスを軌道に乗せ続けることができるかどうかは、リピート率をどれだけ維持できるかにかかっているといっても過言ではありません。**

王道の戦略としては、顧客リスト（会員登録）を構築し、こまめに情報を発信し接触頻度を高め、再度の購入を促すリストマーケティングという手法があります。

多くの方は、葉書きやメールマガジン等で、セールの案内が届いたという経験をお持ちだと思いますが、既存客へ改めて直接連絡を取ることで、新たな商品やサービスを販促していくのです。**リストマーケティングはリピート購入を促すだけでなく、見込み客から商品を購入してもらうまでの流れを構築する時にも効果を発揮します。**

一度あなたと接触しているお客さんへ案内を送るので、再来店や再度購入してもらうにはどうすれば良いか？　ということだけに焦点を絞り、適切なメッセージを届けていくようになります。

プルとプッシュの項でも触れましたが、顧客リストを構築するというのは、こちらから積極的にアプローチ（プッシュ）することができることを意味します。また顧客獲得コストを考えると、**新規客を集めるよりもリピート客を集める方が、圧倒的に低く抑えることができるようになりますので、収益も上がることを意味します。**

ネットが普及する前までは、葉書きやダイレクトメールなど、それなりの金額をかけ、リアルの媒体を活用するしかありませんでしたが、現在はメールマガジンやＬＩＮＥなどに会員登録をしてもらうことで、簡単に低料金で情報を届け、接触頻度を高めることができる様になりました。

メールマガジンやＬＩＮＥ公式アカウントといったＷＥＢツールは、ステップメール（あらかじめセットした複数のメールを自動で配信することができるシステム）などを活用することで、一定の情報提供を自動化するにはとても使い勝手が良いです。

BUSINESS 10

どうすれば喜んでもらえるかを考える

会員登録してもらう最も王道のやり方は、オファーを提供するということです。オファーとは「○○してくれれば△△してあげる」というものです。例えば「会員登録してくれれば無料券をプレゼントします」といった感じで、お客さんが欲しがるような物やサービスを提案してあげてください。

まだあなたと接点の無い見込み客を集めるときのオファーは、あなたが扱う商品やサービスに関連のある物を提示する必要があります。なぜならあなたが扱う商品に興味を持っている人を集めるという目的があるからです。

それに対し、**一度購入してもらったお客さんに会員登録を促すときは、あなたが扱う商品に関連していなくても構いません。**なぜなら、すでにあなたのお店に来店し商品を購入したということは、少なからずあなたが扱う商品やサービスに興味を持ったという事実があるからです。

それが分かっていれば、次の目的は、**「確実に会員になってもらうこと」**です。会員になってもらう確率を高めるのであれば、自分が取り扱う商品よりもお客さんから見てさらに魅力のあるオファーを提示してあげればいいのです。

私が着物リサイクルで会員登録時や会員へのキャンペーンを色々と試した時、自店で使える割引券などもプレゼントしていましたが、最も反応が良かったのは、地元のスーパーで使える商品券をプレゼントした時でした。

自店の割引券はその場所でしか使うことができません。いってしまえば欲しいものが無ければただの紙くずなので、ヘビーユーザーでなければ正直それほど価値を感じてくれないのです。しかし、**スーパーの商品券はそれ自体に金券としての価値があるので圧倒的に喜ばれます。**

「物で釣る」といういい方が悪いかもしれませんが、**一度お客さんになってくれたのであれば、物で釣ろうが何で釣ろうが、目的を果たせば良いのです。**ですので、最も効果のあるオファーを提示するようにしてください。

リピートを促す時に実施しやすい施策として『セール（ＳＡＬＥ）』があります。私は着物リサイクル店の時、セールはほとんど行わなかったのですが、年に1度はイベントとして開催するようにしていました。

その際、ただ値引きをするだけでは面白くないので、セール期間中に来店していただいた方には、洗剤をプレゼントしたり、くじ引きなどのキャンペーンを同時に実施しました。お客さんは主婦の方が多いので、くじの1等は「お米5キロ」といった感じで、セール以外の部分でも楽しんでもらえるようにしていました。

実際にお米が当たると、喜んでくれる方もいますし、持ち帰るのが重い、という方もいますが、どちらにしても話題になるのでとても盛り上がります。

このような実体験は、写真として残し、新たなお客さんに会員登録してもらう時には**「うちの会員になると、こんなセールやキャンペーンがあるから、めちゃくちゃ面白いんですよ！」**ということを本気で伝えることができるので、さらに会員を増やすことができる様になるのです。

BUSINESS 11

会員カードの目的と活用の仕方

会員登録をしていただいたら、会員カードを渡します。会員カードの裏には、スタンプを押すようにしてある場合が多いと思います。私たちは購入金額に対してのスタンプではなく、何も買わなくても出張販売やお店でお会いしたら、スタンプと日付を記載するようにしていました。

日付を記載する理由は、カードを見た瞬間的に前回の来店日を把握するためです。前回の来店日が分かれば、話が広がるきっかけになりますし、前々回と比較して時間が空いていれば、何かあったのか？　ということを聞くことができます。

私たちは、顧客の個別カルテを表管理ソフトのエクセルで作り、そこに情報を書き溜めておきました。記載する内容はとてもシンプルで、来店日、購入商品、購入金額、話した内容、という感じです。

普段は特に見返したりはしませんが、キャンペーンなどの案内葉書きを送る時などは個別カルテに目を通すので、その際お客さんの状況を把握しておくと、お会いした時に好印象を持ってもらうことができるのです。

顧客情報管理はデジタルで管理しておく必要はありますが、コミュニケーションを持つことを考えると、**会員登録はアナログでやり取りしたほうが良い場合がありますので**、顧客層や取り扱う商品など、状況に応じて選択するのが良いでしょう。

なぜ、購入金額に対してスタンプを押すのではなく、来店してもらったらスタンプを押すやり方にしたかというと、2つ理由があり、1つは出張販売をしていたからです。出張販売は主にスーパーマーケットで実施していたので、私たちに用が無くても、スーパーに足を運ぶお客さんがいます。その時顔を見かけたら、「スタンプ押すよ」といって声を掛けることができるので、お客さんとの関係を強くして行けます。**たまたま会っただけでスタンプを押してもらったら、何か得をした気持ちになりますし**、そのタイミングでスタンプが溜まり、何かプレゼントをもらえれば、プラスの印象を植え付けることができるからです。

2つめは、お客さんの購入金額に大きな差があるからです。着物を買う人と着物生地を買う人では使う金額が違うので、金額によるスタンプを押すようにすると、５００円ごとにスタンプを押すのか、１０００円ごとにスタンプを押すのかといった、区切りの金額設定が難しくなってしまうという理由で、来店に対してのスタンプという形にしたのです。

購入金額に対するスタンプは、優良顧客の囲い込みという目的がありますし、**来店数に対するスタンプは、リピート率を少しでも高める**ためという目的があるので、あなたがどこに比重を置くかによって、いずれかにするか両方を取り入れるかを決めてください。

ちなみに、私のお店の会員カードの裏側にはスタンプを押す欄が20個あり、スタンプが5個貯まると『ちょっといいこと』があるようにしているのですが、はじめの4つ目まではすでにスタンプが押してあります。

ですので、次回来店すると5つ目のスタンプが埋まるので『ちょっといいこと』があるようになっています。このことを会員登録時に伝えて、会員登録後に案内の葉書きを送ると、さらにリピート率を高めることができます。

ゼロからスタンプを5つ貯めるのは結構大変ですが、はじめから4つも押してあると、ちょっと得した気持ちになりますし、うれしいものですよね。こういうちょっとした仕掛けはお客さんに喜ばれるので、ぜひ取り入れて欲しいと思います。

BUSINESS 12

会員登録を自動化する

◆スタッフと認識を共有して登録数を高める

私は常にビジネスを手離れさせることを考えています。手離れさせるためには、現場に出ないようにすることを考えますので、もちろん会員登録などの流れも全てスタッフにやってもらう必要がありました。

スモールビジネス自動化に必要な要素は、『**人の能力によって結果が変わらないようにすること**』ですので、私が対応してもスタッフが対応しても、昨日働き始めた新人スタッフでもベテランスタッフでも、同じような結果を出せるようにする必要があります。

そこで必要になるのが、「この人が対応すれば会員登録してもらえるが、あの人が対応すると会員登録がされない」という状況を作らないようにすることです。そのために必要なことは、会員登録がどれほど大切かという『**認識の共有**』と会員登録をしてもらうための『**トークスクリプト**』です。

勉強熱心な経営者であれば、リストマーケティングの話は、すでに理解されている方も多いでしょう。しかし、**スタッフは顧客リストを構築していくという認識と大切さは一切理解していない**と思ってください。

だから、とにかく会員登録を促すことの重要性をきちんと伝えるのです。もちろん一度や二度だけではなく、会員登録を促すトークスクリプトをカウンター内（レジ回り）に貼りだすなどして、何度も何度も伝え、とにかく意識させるのです。

私は売上げ報告書や日報の一番初めに書く場所には、来店数と会員登録数を記載するようにしていましたし、電話でスタッフと話すときは、まずその日の来店数と会員登録数と新規と既存の客数を確認し、そこから本題に入るという流れにしていました。

こうすることで、会員登録の必要性を嫌でも意識してもらうようにしたのです。**認識を共有できなければ、どれほど素晴らしいトークスクリプトを作っても、全く活かされなくなります**し、トークスクリプトを勝手に変えられてしまうということが多々ありますので、とにかく認識を共有することを徹底してください。

実際にどのように認識を共有していったかというと、お客さんが会員になったら、お客さんにとってメリットがこんなにたくさんある。それをきちんと伝えないのは悪いこと。きちんと伝えればあなたが喜ばれる。ということを伝えていきました。

だからこそ、キャンペーンやプレゼントなどで、会員のお客さんが喜ぶ姿を直接見て感じ取ってもらった方が、顧客リストを作ることが、『みんなにとって良いこと』という認識を持ってもらいやすいです。

そうすることで、「登録をお願いする」という考えではなく「会員登録してもらうのは当たり前のこと」「登録しなければ損」と意識が変わっていくのです。

人は、「騙されたくない・失敗したくない・損したくない」という3つの不安をつねに抱いています。

だから正しいメッセージを伝えてあげる必要があるのですが、伝える側が何か後ろめたさを感じていたら、どれほど真実を語っても受け入れてもらえないのです。

正しいメッセージを正しく伝えるためにも、**「登録してもらうことは当たり前のこと」**という常識をスタッフに持ってもらうようにすることは、トークスクリプトを最大限効果のある物にするためにも大切なのです。

BUSINESS 13

瞬間で聞く耳を持たせるコツは枕詞にある

私が実際に店頭に立っていた時に作り上げた、会員登録の流れを少しお伝えします。

「会員カードありますか?」と聞きます。
「いえ、ありません」という答えが返ってきたら、
「えっ!」と驚きます。
すると相手も「えっ!」と驚きます。

そこですかさず、**「会員になるといいことあるので、会員になったほうがいいですよ」**というと、かなりの確率で会員になってくれます。

この「いいことあるよ」というのはキャンペーンであった楽しかったことや盛り上がったことなどです。

会員登録や飛び込み営業など、瞬間で引き込まなければならない時のトークスクリプトのコツは、『聞く耳を持たせる➡メリットを伝える➡相手の反応を確認する』という流れにすると高い効果を得ることができます。

瞬間で相手を引き込まなければならない時は、聞く耳を持たせるための枕詞《まくらことば》を私はとても大切にしています。会員になっていない、という解に対して「えっ！」というのが、例に挙げた会話の枕詞になります。

「えっ！」という反応は、お客さんにとって全く予期せぬ反応なので、次に何をいわれるのだろう、という心理が働き、私たちの言葉に耳を傾けてくれるようになります。

これはセールスでも同じなのですが、なぜ普通の人がセールスに苦しむかというと、お客さんが聞く耳を持っていない状態で、一生懸命に説明し売り込もうとするからです。聞く耳を持っていない状態では、どんなに売り込んでも断られる確率が高まるだけです。

私はこの状態を『**コップが下向きの状態**』と呼んでいます。コップが下を向いていたら、どれほど水を注いでも入ることはありません。情報も同じで、相手が聞く耳を持っていない状態の時に、色々伝えても相手には届かないのです。

スタッフは断られることに慣れていないので、どんな形にせよ断られることが続くと、お客さんにメリットのある話であったとしても、伝えることに抵抗を覚えてしまい、当たり障りなく対応しようとします。

だから、まずは『聞く耳』というお客さんのコップを上向きにするために、一瞬で聞く耳を持ってもらえるような枕詞を作ってあげることが必要になるのです。

その上で「会員になってください」という売り込みではなく、真実を伝え**「会員になるかどうかはお客さんが選んでください」**というスタンスで、興味があるかないかを振り分けるようにしていくようにするのです。

スタッフに会員登録の話をするときには、売り込みではなく、きちんと情報を伝えてあげることのスタンスの話を徹底することが大事です。

BUSINESS 14

休眠客を呼び起こす

◆休眠客へ最も効果の高いアプローチ法

新規客とリピート客を集める流れを構築すると、ビジネスは良い感じに回り始めます。しかし、時間の経過とともに、あなたの元から足が遠のいてしまうお客さんが出てきてしまいます。これを休眠客と呼びます。

あなたが扱う商品やサービスは何であれ、**人はマンネリを嫌いますので、お客さんは必ず浮気をすると思っておくと良いでしょう。**その浮気先のお店があなたのお店よりも良いと感じれば、そのお店の常連さんとなっているかもしれません。

悲しいかもしれませんが、これが現実です。ただ、ここで勘違いして欲しくないのは、決してあなたのお店を嫌いで浮気したわけではないということです。だから、もう一度あなたの元へ戻ってきてくれる可能性を信じて、アプローチをして欲しいと思います。

休眠客と判断する期間は、取り扱う商品やサービス、業種業態で変わってきますので、ご自身のビジネスに合わせて判断基準を作っておくと良いでしょう。

着物リサイクルの時は、年に1度のセールに来店いただけず、さらに3か月間来店いただけなかった方を休眠客とし、連絡を取るようにしていました。その時に、「セールに足をお運びいただけなかったと思うので、○○さんだけにシークレットセールを開催します」と伝えるのです。

私たちにとって、**セールは商品を売りたいから実施するということ以上に、『リピート客と休眠客を振り分けるためのイベント』という裏の意味合いの方が強かった**のです。

休眠客へのアプローチの方法は、**『リアルで連絡を取る』**というのが最も効果的です。電話番号を知っているのであれば電話を掛ける、住所がわかっているのであれば、葉書きを送る、というのが良いでしょう。

メールマガジンやＬＩＮＥ公式アカウントは既に解除されていたり、仮に届いていても読まれていない可能性が高いからです。読まれていたとしても、訴求が弱いので足を運んでもらえないということも多いです。

私たちが実際に行っていた休眠客の掘り起こしは、まずキャンペーンの葉書きを送り、その後に電話を掛けるということです。休眠客が多い場合は、人数を区切って葉書きと電話を実施するのが良いです。葉書きが大変であれば、メールなどを送ったあとに電話をするのも良いでしょう。何にしてもリアルで連絡を取るということが大切です。

やることは、リピート客へのフォローとあまり変わりませんが、休眠客へキャンペーンの葉書きを出すときは、シークレットの案内ということの他に、**「お電話させていただくかもしれませんので、その時は優しくしてください」**という一文を入れたりしていました。

ちょっとした一文ですが、この文章を入れておくだけで、もしかしたら電話があるかもしれない、と意識してくれるようになりますし、実際に電話をしたとしても、受け入れてくれる確率が高まるのです。

休眠客の掘り起こしは、最優先事項ではありませんが、新規客獲得とリピート集客を仕組化するのと同時に、休眠客へのアプローチも仕組み化してしまった方が、後から楽になりますので、できる様であれば実践してみてください。

BUSINESS 15

休眠客掘り起しの流れとNGワード

休眠客掘り起こしの時は、出来る限り自分たちで電話をかけて、色々と話を聞くのが良いと思いますが、これはトーク力を要し、スキルが無いと難しいので、シンプルに葉書きを送り、葉書きが**『届いたか届いていないか』**を電話で確認するようにしていました。

企業へのDMや資料送付でも同じことがいえるので注意をして欲しいのですが、**葉書きや資料などの案内を送った後の電話で、「葉書きを送らせていただいたのですが、見ていただけましたか?」と聞いてしまうことはNGです。**

営業担当からの電話は、出来れば面倒なので早く切りたいという心理が働き、仮に資料を見ていたとしても、「見ていない」と答える場合が多いからです。実際「見ていない」と答えられてしまった場合、多くの人は「では、見ておいてください」としか返せません。だから、事実だけを確認する必要があるのです。

事実とは『届いたか、届いていないか』ということだけです。「届いていない」とか「わからない」といわれれば、「再度送りますね」といいますし、「届いたけど見ていない」といわれたら「届いていて良かったです。ではまた改めてお電話させてもらいますね」といいます。

事実だけしか聞かないので、そこにお客さんの「面倒」とか「何か売られるかも」といった、負の感情が入る余地が無いのです。

「見たよ」という方には、「ありがとうございます。きっと楽しんでもらえると思いますので、お待ちしていますね。シークレットセールは○月○日から○月○日です」というだけです。慣れてきたら「何か分からない点はありませんでしたか？」という一文を付け足します。

この時、**無理に沢山話して売り込むようなことはしてはいけません。**久しぶりに連絡をして、長々と話したら「面倒くさいやつ」と思われ、さらに距離が離れてしまうからです。今回のキャンペーンで来店してもらえなかったとしても、また誘えばいいだけです。「電話してくるな！」と怒られるまではお客さんです。

ちなみに、休眠客掘り起しをする時は、私は何人かに電話をして話を聞きます。その中でお店に来られなくなった理由や、現在どうしているかを聞きます。そういう情報を元に、休眠客が再度来店したくなるような言葉を見つけ、メッセージを作ったりしました。

少し長電話になりますので、トークスキルを持つ人間しかできませんが、ある程度慣れてきたら、トークスクリプト（聞くことリスト）を作成し、スタッフでも対応できるようにすると良いでしょう。

ただ、そこまでしなくても、足が遠のいてしまったお客さんの理由は、大きく変わらないのである程度情報を集めれば、今お伝えしたように、葉書きが届いたかどうか、という流れで来店を促すのが簡単なので、まずはシンプルな形で実践してみてください。

BUSINESS 16

誰がやっても結果を出せるように考える

『集客とは自動化できる最たるもの』と、本章の冒頭にてお伝えしましたが、効果のある集客法を一度見つけたら、自動化に向けて作り上げていくことができるのです。

私がビジネスを構築し自動化できる理由は、ビジネス全体の流れを掴んだら、後述するビジネスの核となる集客を徹底して考え構築していくからです。そのやり片は、多くの場面で応用できるようになります。

私が放置自転車ビジネスパートナー制度という全国組織を構築する時に、まず何を考えたかというと**「誰がやっても同じような結果を出せるようにすること」**でした。

自転車を撤去してお金に換えるというビジネスモデルは、「放置自転車問題を解決する」という強い信念を持った、放置自転車ビジネス生みの親である稲本勝美氏の元、すでに構築されていたので、撤去の仕方やマネタイズといった実務的な心配はありませんでした。

ただ、放置自転車ビジネスを全国で展開していくということは、ほとんどの場合全くの未経験の人間が対応していくことになります。

つまり、**人の能力依存しないレベルで結果を出せるようにしていけなければ、ビジネスとして取り組んでもらうことは難しくなります**し、放置自転車問題の解決に結びついていかないと考えました。そこで、今日入社した営業経験のない新人でも、性別や年齢に関係なく、副業でも本業でも取り組み、結果を出せるようにしていくために、集客というビジネスの核を作り上げていったのです。

現在は当時よりもビジネスモデルを飛躍的に進化させ、圧倒的に結果を出しやすくなっていますが、人の能力に依存しない流れを構築することができましたし、能力のある人間は、どんどん結果を求められる環境を作ることができました。

これもビジネスの入口である、集客（自転車を集める）というポイントと、リピートの流れを作ることができたからです。**ビジネスは全て流れで考えなければなりません。**

詳しくは次章以降お伝えしますが、まずは全体の流れを考え、そこからひとつひとつのパーツの目的を明確化し、優先順位をつけて構築していくのです。これを順序立てて行うことで、ビジネス自動化のコツを掴めるようになりますし、実際に多くの場面で応用できるようになっていきます。

BUSINESS 17

技術的な問題は全て外注(アウトソース)でチーム化する

集客をするということは、何度もお伝えしますがプルとプッシュの概念を持って情報を発信していくということです。そのためにチラシやブログやWEBサイトやSNSなど、それらを複合的に活用していくことが求められています。

メッセージを届けるためには、ライティングの知識や媒体の活用の仕方など、覚えたりやらなければならないことが沢山あります。これだけ聞くと、難しく感じてしまうかもしれませんが、結論からいうと技術的なことは全て外注にお願いできます。

ビジネスを自動化していくことに直結するのですが、外注を活用することでチームを作り上げ、チームで稼ぐようにしてしまうのです。

大手企業ではプロジェクト単位でチームが組まれていく場合がありますが、私たちは、このプロジェクトチームを自社のビジネスに取り入れ、最小単位で構築し結果を出しています。

後ほど詳しくお伝えしますが、ライティングのスキルを持った人にメッセージを作ってもらう、ホームページを作成してもらう、ブログをアップしてもらう、YouTube用の動画を編集してもらうなど、**どこかの業者ではなく、スキルを持った個人が低価格で請け負ってくれるサービスが充実しています。**

出来る限りお金を掛けたくない場合は、文章さえ書ければ、無料でホームページなどを作成できるサービスが提供されていますし、チラシもネットにアップするだけで、WEBページのようにできてしまうサービスもあります。手書きの物でも簡単にアップ出来てしまうので、それだけでWEB上に案内ページを作ることが出来ます。

外注をどのようにするかは後述しますが、スモールビジネスを自動化するには、外注など第三者の力は必要になります。

今までは、チラシ作成やWEBの知識が無ければ難しいと考えられていたものが、技術の進化とサービスの充実により、非常に簡単にクリアできるようになりました。

ただ、現実的には、アウトソース（外注）を活用することで、作業を圧倒的に軽減していくことができるということは理解いただいても、実際にどのように外注の探していいか分からない、どのように仕事をお願いしてよいか分からない、外注との仕事のやりとりに手間がかかってしまう、という相談を受ける機会が非常に増えてきています。

その中には、今は複合的に情報発信をすることよりも、ひとつの土台を作った方が良いという場合も多いのですが、いずれにせよ、何をどうしてよいか分からない、という話が多いのです。

集客やリピートを初め、ビジネスモデル構築に関しても、もっと具体的に落とし込むにはどうすれば良いかといった相談があるのですが、個別で対応するには私の時間が足りませんし、金額も非常に高額になってしまうので、スポット的には解決できても、長期的にフォローさせてもらうのが難しいという現実がありました。


そこで私たちは、ＳＢＣＣ（スモールビジネスクリエイトクラブ）という、スモールビジネス戦略立案からビジネス自動化までを構築できる会員限定のクラブを創設しています。

ＳＢＣＣでは、ここでお伝えした集客やリピート戦略、セールスやライティングなどのベーシックな知識を理解し、アウトソースを活用しビジネスを自動化していく。それにより時間とお金に縛られないライフスタイルを手にすることを目的としています。

スモールビジネスを立ち上げたい方、ビジネス自動化を構築したい方、集客やセールスの力をつけたい方、時間とお金に縛られないライフスタイルを手にしたい方へ向けて、私が中心となり、みんなで運営していく会員制のグループです。

ビジネスを構築していく上で、本当にちょっとした気づきやアドバイスで、結果が大きく変わることは少なくありません。特にスモールビジネスは、あなたの思考が直接ビジネスに反映されますので、その瞬間に適切な判断を下す必要があるのです。

私は廃業や借金という暗黒時代を超えることができたからこそ、スモールビジネスを本当の意味で理解している人に相談できる環境を構築することが、自らを助けることに繋がると思っています。

時間とお金に縛られないライフスタイルを手にしたいという方、ビジネスを構築したいが何から始めて良いか迷っている方、ビジネス自動化を構築したいがアウトソースの活用が分からない方、集客やセールやライティングの力をつけていきたい方は、ＳＢＣＣへご参加ください。詳細はゲートプラスのホームページで確認いただけます。

CHAPTER 5

ビジネスを自動化するための施策

BUSINESS 01

ビジネス自動化は4つの要素で作り上げる

実際にスモールビジネスを自動化していくために、何を行っていくかをお伝えしていきます。**スモールビジネスを自動化していくには、特別な才能や能力は必要ありません。**莫大なお金をかけて設備投資をする必要もなければ、人を沢山雇用して組織を大きくする必要もないのです。

実は小さい組織であればあるほど、ビジネスの自動化がしやすいのです。実際にビジネスを自動化し、あなたの元から手離れさせる為にやるべきことは、大きく次の4つの要素に分けることができます。

・ビジネスの核を集中して作り上げる
・自社のビジネスモデルを可視化しパーツ化する
・ビジネス自動化のための指針を決める

・各パーツを仕分けし誰に任せるかを決める

この4つの要素に、組織とかお金とか才能といったものは、一切関係してきません。詳細は順次お伝えしていきますが、ざっくりと大枠だけ説明します。

◆ビジネスの核を集中して作り上げる

ビジネスの核とは、そのポイントを押さえておけば、ビジネスとして成立させることができるというお金に直結する箇所です。

スモールビジネスでは、何より収益を上げていかなければなりません。そのために必要なことが、ビジネスの核を集中して作り上げることなのです。

ビジネスの核を作り上げてしまえば、ビジネス自動化の8割は完了したといっても過言ではないほど重要なポイントです。

◆自社のビジネスモデルを可視化しパーツ化する

自社のビジネスモデルを可視化することで、ヒト・モノ・カネの流れを客観的に把握できるようになります。

ビジネスモデルを可視化することで、あなたが現在イメージしていることが具体的に可視化されるだけでなく、流れが滞っている所（ボトルネック）が見えたり、これからターゲットにしたいところや、やろうと思っている仕掛けを同時に考えることができます。これだけでビジネス戦略のベースを構築できるようにもなります。

◆ビジネス自動化のための指針を決める

ビジネスを自動化するためには、誰がやっても良いように形作る必要があります。そのためにはあなたが何をどのように考えどのようにしていくかを明確にし、指針を作り上げる必要があるのです。

◆各パーツを仕分けし誰に任せるかを決める

ビジネスをあなたの元から手離れさせるためには、自社で対応するか、アウトソース（外注）するか、作業や業務をやらないといった判断を下していきます。

ビジネスモデルの可視化や仕分けを、お伝えする通りにやっていただければ、この作業は難しいことはありません。

BUSINESS 02

ビジネスの核を自動化する

ビジネスの核を自動化するとは、集客と同じで**「あなたが扱う商品やサービスに興味のある人を、あなたの元に集める」**ということです。集客がビジネスの成否を分けるのであれば、徹底してテストを行い、ビジネスを作り上げていく必要があります。

例えば飲食店では、売上げを上げたいとなった場合、まず新メニュー開発に取り掛かる場合がほとんどです。飲食店に関する書籍などを読むと、「新メニューを開発して、それを目玉商品（ウリ・差別化）として集客につなげましょう」ということが書かれています。

深くいってしまえば、リピーターを飽きさせないための新商品開発なのか、新規客を獲得するための新商品開発なのかということも、ほとんどの人は考えていない場合が多いのですが、新メニューを開発するということ自体は、間違ってはいないでしょう。

ただ、ビジネスを自動化するということで考えた時、まずやるべきことは新メニューの開発なのかどうかということは、きちんと考えておかなければなりません。

ここで少しお金の導線の話を思い出してください。

お金の導線とは、「商品やサービスに興味を持ってもらい、現金化するまでの流れ」です。

新メニューがお金に換わるまでの流れは、誰かに新メニューを知ってもらい、興味を持ってもらい、お店に足を運んでもらい、注文されて初めてお金に換わるのです。

つまり、新メニューを知ってもらうことができなければ、集客につながらないので、いくら新メニューを開発してもお金に換えることはできません。

このような話をすると、「新メニューを開発するから、ニュースとして知ってもらい集客することができるんだ」という人がいるかもしれません。新メニューをリリースするだけで、集客ができる様になるのであれば、どこの飲食店もウハウハで儲かっているはずですが、現実はそうでもないようです。

もちろん、新メニューがヒットして一気に状況が変わるということもありますが、それは運を天に任せているだけですし、コントロールできないため、ほとんどの場合は新メニューを開発しても、思っているような成果を得ることはできないというのが現実ではないでしょうか。

新メニュー開発が悪いといっているのではなく、「新メニューで集客をしたいのであれば、それをどのように知ってもらうのですか?」ということです。

どれほど一生懸命に新メニューを開発しても、それを知ってもらうことができなければ集客にも売上げにもつながらないのです。新メニューを開発して集客を試みるのと、集客ができている状態で新メニューをリリースするのと、どちらがビジネスとして楽に稼げるのかを考えてほしいのです。

どんなに新しい商品を開発したとしても、ライバルと同じことしか消費者に伝えることができなければ、それはどこにでもある商品と同じです。

そして、買ってもらう仕組みを構築できなければ、お客さんの買う仕組みに頼らなければならなくなります。つまり、**集めて売る仕組みができていないということは、いつもお客さんに頼った商売になってしまうということなのです。**

これでは、ビジネスを自動化し安定させていくことが難しくなってしまいます。しつこいようですが、新商品や新しいサービスをリリースすることが悪いのではありません。

ビジネスの核とは何か?　ということを常に意識し理解することで、取り扱う商品やサービスが変わっても、ビジネスが変わっても、ビジネスを展開していくことができるようになります。

BUSINESS 03

自社のビジネスモデルを可視化する

物ごとは、ほぼ何かと何かが組み合わされてできています。ビジネスも同じで、ビジネスは色々なパーツでできています。**ビジネスを自動化するには、これらのパーツを一旦バラして、必要なものと不必要なもの、外注するものに仕分けをしてあげることが必要となります。**

可視化と仕分けは次の3つに分けて進めて行きます。

- **自社のビジネスモデルの可視化と仕分け**
- **業務の可視化と仕分け**
- **作業の可視化と仕分け**

少しだけ当てはまらない部分もありますが、ここでは分かりやすく、ビジネスモデルを可視化しパーツ分けしたものを「業務」業務を可視化しパーツ分けしたものを「作業」とします。

ビジネスモデルの可視化は図を用いて、フリーハンドで構わないので直観的に書いていきます。どちらも今ある状態を書き出していき、その次に自分がイメージしていることを落としていきます。

私はビジネス構築やサービスをリリースする時には、必ずビジネスモデルと業務の可視化を行い、思考をまとめていきます。

今イメージしていることが具体的にアウトプットされるだけでなく、全体的な流れの把握や、流れが滞っている所（ボトルネック）を把握したり、これからターゲットにしたい企業や人、実施しようと思っている仕掛けを同時に考えることができるので、**これだけでビジネス戦略のベースを構築できます。**

ビジネスを進める中で迷いが生じたり、進捗が停滞したりという時は、ビジネスモデルの図を見直したり、新たに書き出したりということをしながら、戦略などを組み直していくと、非常に有効的に活用できます。

パーツ分けするには、まずビジネスモデル（ヒト・モノ・カネの流れ）を可視化していきます。すでにビジネスを運営されている方は、やり始めれば思っているよりも簡単に可視化できます。恐らく30分から1時間ほどでできてしまうでしょう。

自社のビジネスモデルを可視化する大まかな流れとしては、次の2つです。

1 自分以外に関わる人たちをグループ化します。（集客・キャッシュポイント・仕入れ先）

2 項目ごとに詳細を明記します。（誰・何・いつ・どのように、など）

これからビジネスや新しいサービスなどを立ち上げる場合は、イメージで構いませんので書き出します。サービスや事業が複数ある場合は、それぞれ1サービス1可視化として、別々に記載します。

サービスが複合的につながっている場合も、もともとはひとつひとつのサービスで作られているはずですので、別々に記載します。

できればA3以上のサイズの紙に書くと良いです。不思議なもので、紙が小さいと、余白が少なかったり、文字を小さく書かなければならないので、思考も小さくなってしまう傾向があります。せっかくですから、大きな紙に余白や文字の大きさなど気にせず、ダイナミックに楽しみながら書き出してください。では各々の可視化を見ていきましょう。

1　集客の可視化

自分（自社）を中心に据え、お金に直結する所から明確にしていきます。お金を払ってくれる人がいないと、ビジネスとして成立しないので、見込み客へのリーチ先（接触する相手）と方法を可視化していきます。

商品やサービスにお金を払ってくれるターゲット、ＢｔｏＣ（対象が消費者）かＢｔｏＢ（ターゲットが企業であれば業種）を書き出します。リーチ先が個人と企業など、複数ある場合は全て書き出します。

それらを管理（決裁権を持つ人や部署や管轄など）しているところを明確にします。もし可能であれば、どのように決裁されているかまで明確にできると良いです。企業によって決裁の仕方がバラバラの場合は、わかる範囲で構いません。

例えば、「個人の裁量で依頼が来る・会議で依頼が来る・本部主導で依頼が来る」といった感じで書き出すと良いでしょう。

どのように決裁されているのかが分かれば、いつどのタイミングで決裁され、接触（問い合わせなど）して来るのかを記載していきます。

会社や部署の決裁であれば、毎年ある程度同じ時期になるでしょうし、個人裁量であれば、定期的なのか不定期なのか、一時的なのかということが分かります。タイミングが分かれば、そのタイミングで都合よく営業をかけやすくなります。


決裁者にどのようにアプローチしているかを書き出します。チラシ・ネット・フリーペーパー・口コミ・営業という感じです。

例えば、ネットであれば、活用するツール（WEBページ・ブログ・メルマガ・YouTube・Facebook・Instagram・Twitterなど）・広告の使用の有無・広告媒体などを明確にします。

企業と個人ではアプローチ方法が変わる場合もありますので、個々に合わせたアプローチ法を記載してください。もちろん、活用する媒体が複数（クロスメディア戦略）になる場合もありますのでそれらも記載してください。

問合せや連絡は何で来るかを書きます。電話・メール・FAX・WEBシステムなどです。

オファー（これをしてあげるから○○してね。というもの。例：「セールやるからお店に来てね。」といったこと）と金額を書きます。オファーは無料か有料か。有料であればいくらなのか？

ここでは、集客を可視化することを目的としているので、商品購入をするかどうかは考えなくて構いません。

買い手の可視化はもう一方のグループとして、別途記載していくので、あなたがどのように見込み客にアプローチし、見込み客（既存客）がどのようにあなたに接触してくるかを明確にしてください。

店舗であれば来店までの導線。ネット販売であれば、サイト訪問やリスト獲得までの導線という感じです。

もし、あなたが下請けだとしてもやり方は同じです。下請けの場合、あなたにお金を払ってくれる人は、元請けになります。元請けの先には、決裁権を持つ顧客がいますので、2次請け、3次請けだとしても、顧客までの流れを書き出します。

私は、**下請けは自分の裁量でビジネスをコントロールしにくい**ことなどが理由で、できるのであれば下請けから脱却し直請けしたり、エンドユーザーと繋がり収益源を確保することでリスクヘッジしていくことを可能な範囲で推奨しています。決裁権を持つ顧客（真の決裁者）は誰なのかを明確にすることは、下請け脱却の大きなヒントになるので、非常に重要になります。もちろん、元請けにも決裁者がいるので、その部分は明確にしておかなければなります。

書き順としては、全てに共通しますが、まず現在取引している内容を書いてください。それが書き終わったら、まだ取引はしていないが、今後ターゲットとなりえる取引先（業界等）と、どのようにアプローチするかを記載してください。

お客さんが個人の場合は、まだ実践していないアプローチ法を記載してください。その際、見込み客が居そうな場所（群れ）を併せて考えると良いです。これで、買い手を集めるまでの流れ（集客の可視化）は、かなり明確になっているはずです。

2　仕入れ先の可視化

仕入が発生する場合は、仕入れに関する情報を書き込みます。基本的な考え方は、集客の可視化と同じ手順です。

商品の仕入れを伴わないサービス業などの場合は、どこからネタを仕入れるか、情報はどこから集めるか（どういう人と繋がりたいか）ということを書くと、より具体的になります。

買取り等も含め、問屋からの仕入れか、メーカーからの仕入れか、個人からの仕入れか、仲介業者からの仕入れか、インターネットを活用した仕入れか。問屋からの仕入れであれば、その先のメーカーまでの流れも書いていきます。

仕入れにも営業（交渉）は必要ですので、価格や取引条件など交渉をどのようにしているかを明確にしてください。

仕入れ先が多い場合は業務が煩雑になるため、一度リストに書き出し見直すことも必要です。取引を続ける理由が無い所を、仕分けしていくためにも、この際把握してしまいましょう。

仕入れ先への発注・返品・支払い・物流等はどのように行われているか。電話・メール・FAX・WEBシステム・郵送・配達など。

これも明確にすることで、業務が煩雑になっているかを確認することができます。企業によって、メールやFAXや電話という感じで異なると、わけがわからなくなります。

請求書や見積書は、自社でフォーマット化されている場合が多いのですが、発注書は取引先のフォーマットを使用する場合が多いため、取引先全てを統一したフォーマットにするのは難しいかもしれませんが、せめて発注方法だけでも統一（例えばメールだけなど）するとよいでしょう。

中古品を扱う場合は、仕入れ（買取り）がビジネスの核になるので、「どこから、どうやって、誰が決裁権をもっていて、どのようにアプローチするか。」という、集客の可視化と同じことを徹底的に実施してください。

ただし、**お金に直結するところから自動化することは忘れてはいけません。自社業務の改善は、自分たちでコントロールできるので、目に見えて分かりやすいのですが、まずはビジネスの核を構築していくことです。**

取引先の見直しやフォーマットを例としましたが、これはお金に直結しないので、最優先事項ではありません。まずは、仕入れ価格の交渉など、お金に直結するところ。次に時間の短縮（効率化）につながるところという順序で手を付けるようにしてください。

3　キャッシュポイントの可視化

扱う商品やサービスが、お金に換わる瞬間を可視化していきます。

ほとんどのビジネスでは、集客した相手が買い手になると思いますが、別のグループとして書き出してください。各項目は「集客に直結する」とほぼ同じですが、少しプラスされる要素があるので書き足しておきます。

- 提供する商品やサービスは何か。集客の可視化でオファーを提供する場合や、商品ラインナップが多い場合は、一番売りたい（儲かる）商品やサービス、もしくは取扱いが多い商品となります
- 販売価格はいくらか。関連商品を購入したとしてLTV（ライフタイムバリュー。生涯顧客価値）はいくらになるか
- 商品やサービスはどこで売るのか。ネット・通販・店舗・催事・出張・営業・TV・ラジオなど
- お金はどのように貰うのか。売掛・クレジット・現金・銀行振込など
- 入金サイトはどうか
- 商品やサービス引き渡しのタイミング。店頭・現地・郵送・配達・ダウンロードなど
- その後のフォロー。ネット（メール・SNS）・電話・手紙・DM・チラシなど
- アップセル・クロスセル（関連商品や上位商品の提供）など

ビジネスモデル可視化フロー（セクションサンプル）

年　　月　　日

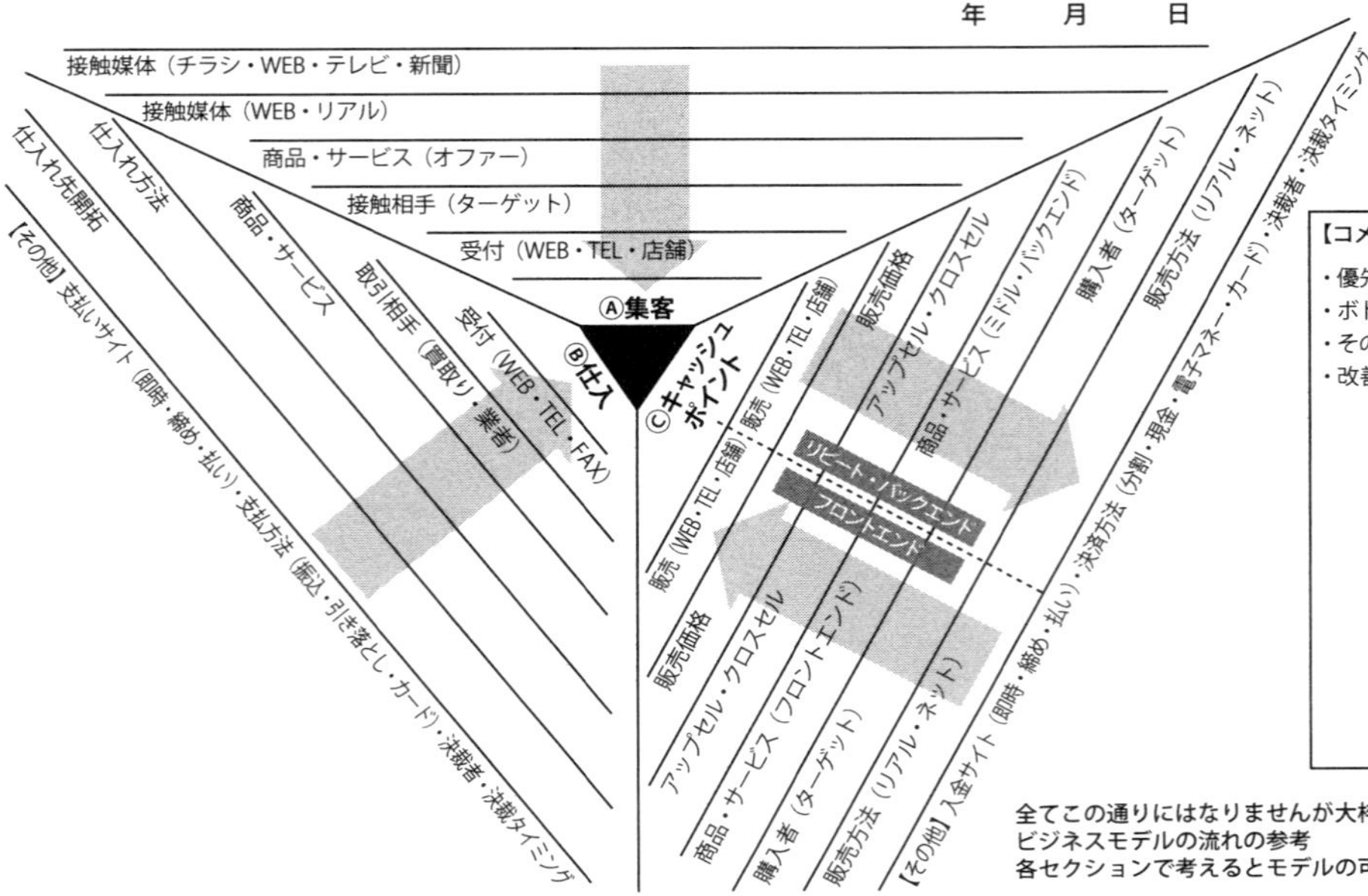

【コメント】
・優先順位
・ボトルネック
・その他気づき
・改善点

全てこの通りにはなりませんが大枠での
ビジネスモデルの流れの参考
各セクションで考えるとモデルの可視化をしやすくなる

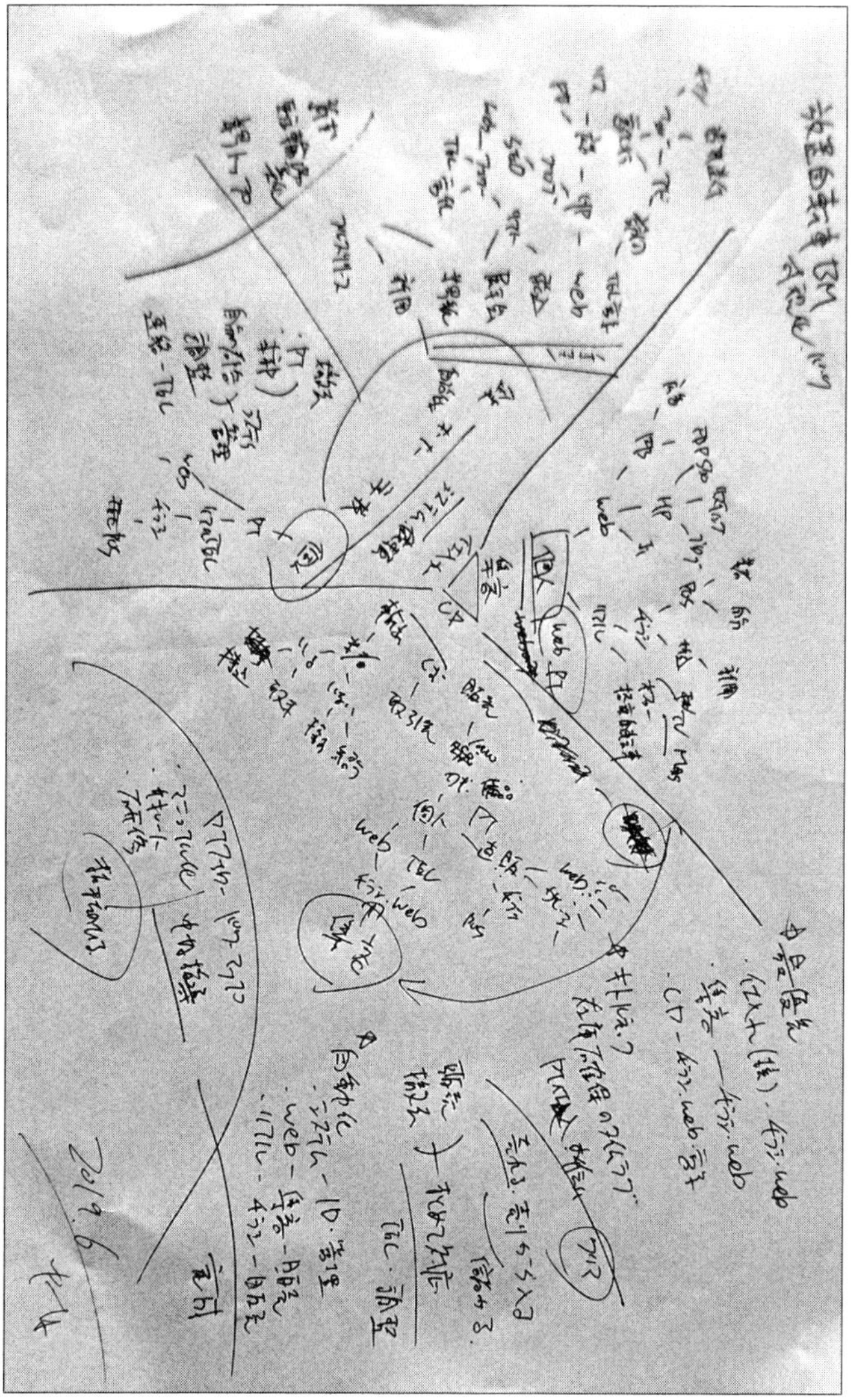

業種業態によって、**ここに記載されている項目が減ったり、増えたりと変化はありますが、ヒト・モノ・カネの動きを可視化することが目的**なので、それらが分かれば問題ありません。

金額など数字で表せられるものは、ざっくりでもよいので書いてください。とにかくよくわからなくても、繋がりがあるものは、まずは書いてみるのが良いです。

自社のビジネスモデルを可視化することで、ヒト・モノ・カネの流れが客観的に把握できるようになります。これをすることで、戦略等が見えるようになるということは前述しましたが、**同時にビジネスモデルのパーツ化が終了しているはずです。**

そのパーツが業務となりますので、次に業務を可視化していきます。自社のビジネスモデルを可視化するというのは、本当にすごい力を発揮しますので、とにかく実施してみてください。

04 BUSINESS ビジネス自動化のための指針を決める

私は常に、**「人に依存しないビジネス」**を構築することを意識しています。人に依存しないとは、人を必要としないということではなく、「人の能力によって結果が大きく変わらない」ことです。

つまり、**誰がやっても結果が出る、再現性のあるビジネスモデルを作り上げるということです。それがノウハウであり、コンテンツであり、ビジネス自動化になっていきます。**

営業を例に挙げます。経営者によっては、営業が得意な人もいますし、苦手な人もいるでしょう。営業が得意な経営者は、先頭に立って仕事を取って来ることができるのですが、いつまでも自分が現場で陣頭指揮を執り続けなければならないので、現場から中々離れることができないどころか、結局は自分自身に依存していることになります。

営業が得意な経営者は、営業結果を出せない人を無能だと思うようになる傾向があるので、気を付けなければなりません。営業が苦手な経営者は、トップセールスマン（エース）に頼ろうとするのですが、そのエースが退職したら、会社は危機に陥ってしまう可能性が高まります。営業に自信のある人間であればあるほど、独立する可能性は高いので、エースに頼ってしまうことは、ビジネスを危険にさらす確率が非常に高くなります。

そうならないためには、**トップセールスマン個人の能力に頼るのではなく、能力に頼らずに結果を出せるセールスマンを複数作る必要があります**。このような考えから私は、チラシ、インターネット、広告、ＷＥＢサイト、営業代行などのツールを使いこなしていくことで、人への依存度を下げるようにしていったのです。

私たちが展開する放置自転車ビジネスパートナーが、なぜ結果を出せるかというと、ビジネスの核となる撤去依頼や販売の部分を、自動化してしまっているからです。

セールスだけの話ではなく、例えば技術職も同じです。良い腕を持った料理人に頼った飲食店が、料理人が辞めたことで一気に経営が傾いてしまったというのは、珍しい話ではありません。

だからといって、自分が職人として現場に立ち続けていたら、自分の時間をお店に支配されてしまうので、オーナーシェフという名の「雇われ店長」のようになってしまいます。恐らく本書を読まれている多くは、そのライフスタイルは望んでいないはずです。

個人の能力に頼るビジネスというのは、その人に辞められてしまったら困るので、その人がどんどんと発言力を強めていくことで、社内のパワーバランスが狂ってしまい、組織が円滑に機能しなくなる原因になり得ます。

ビジネスを自動化していく上で、誰かの能力に依存し、その人がいなくなったらビジネスが進まなくなるというのは、経営として成り立ちませんので最悪です。

人によって能力の差はどうしてもあるので、全て同じ結果を出すことは難しいですが、スモールビジネスでは、個人の能力にできる限り依存せずに、高い水準で同じ結果を出してもらうような仕組みを構築していくことが必要です。

もし、どうしても個人の能力に依存してしまうビジネスの場合、大幅に見直しをするか、ビジネス自体をどこかのタイミングで撤退する覚悟を常に持つことです。

BUSINESS 05

業務を可視化し仕分けする

◆業務の可視化

業務の可視化は、ツリーのような形で書いていきます。

ビジネスモデルを可視化すると、業務がパーツ化されていますので、それらのパーツを可視化していきます。**業務を可視化することは、ビジネス自動化のためのアウトソーシング（外注）をしていく上で欠かすことはできません。**

業務とは作業の集合体なので、可視化することで業務に含まれている作業を把握することができるようになります。ビジネスモデルを図で可視化しているので、そこに書き出されている要素を別の紙に書いていきます。

この時、ビジネスの核になる箇所の、お金に直結する優先順位の高い所から書き出していきます。一般的には、チラシや営業という業務から書き出すことになります。この時に

業務可視化ツリー（サンプル）

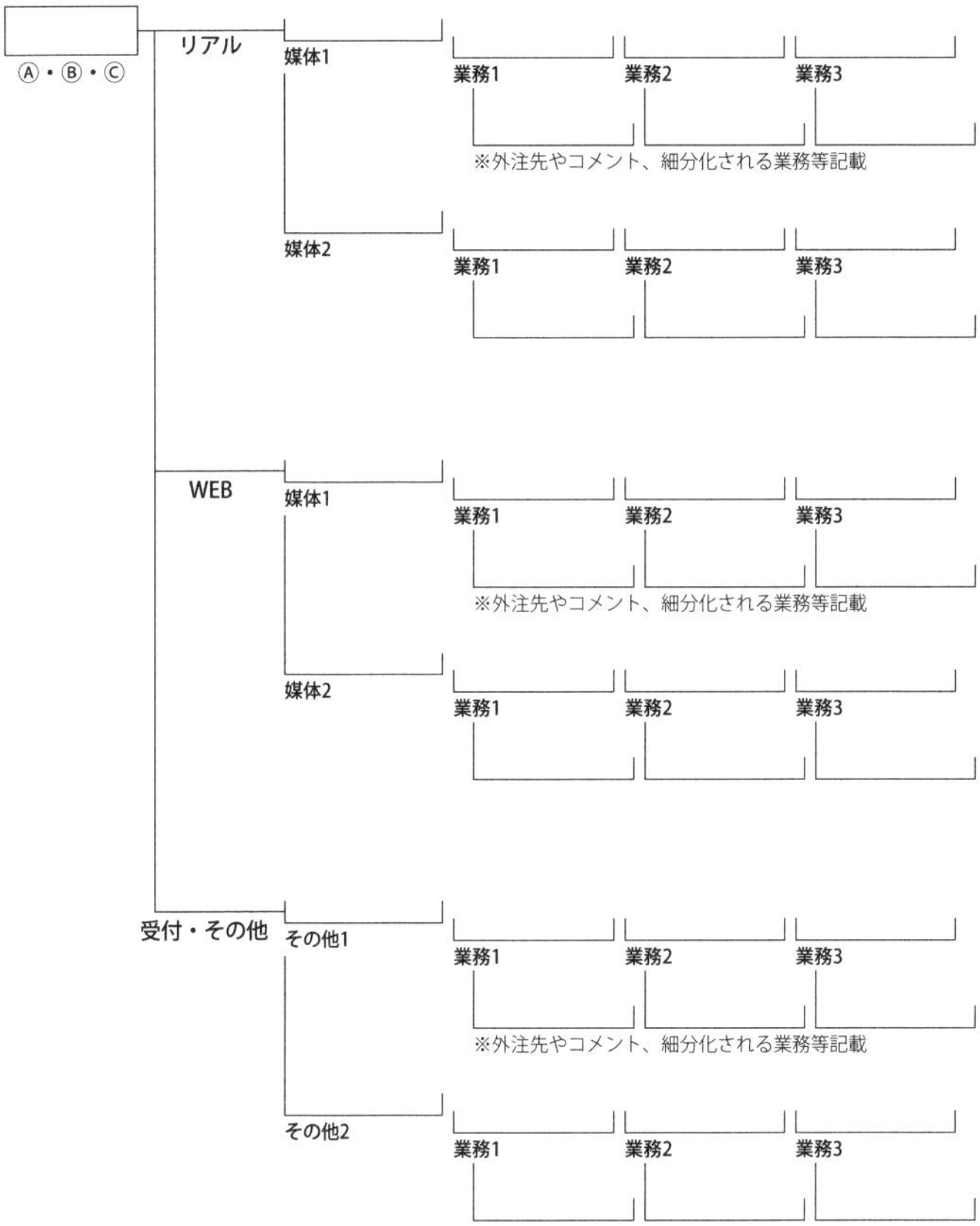

全てこの通りにはなりませんが大枠での業務の流れを書き出すことで自社で対応すること
アウトソースすることを振り分けていく
自社で対応する業務は〇で囲うなどしてチェックする
アウトソースを増やすことでビジネス自動化へと近づく

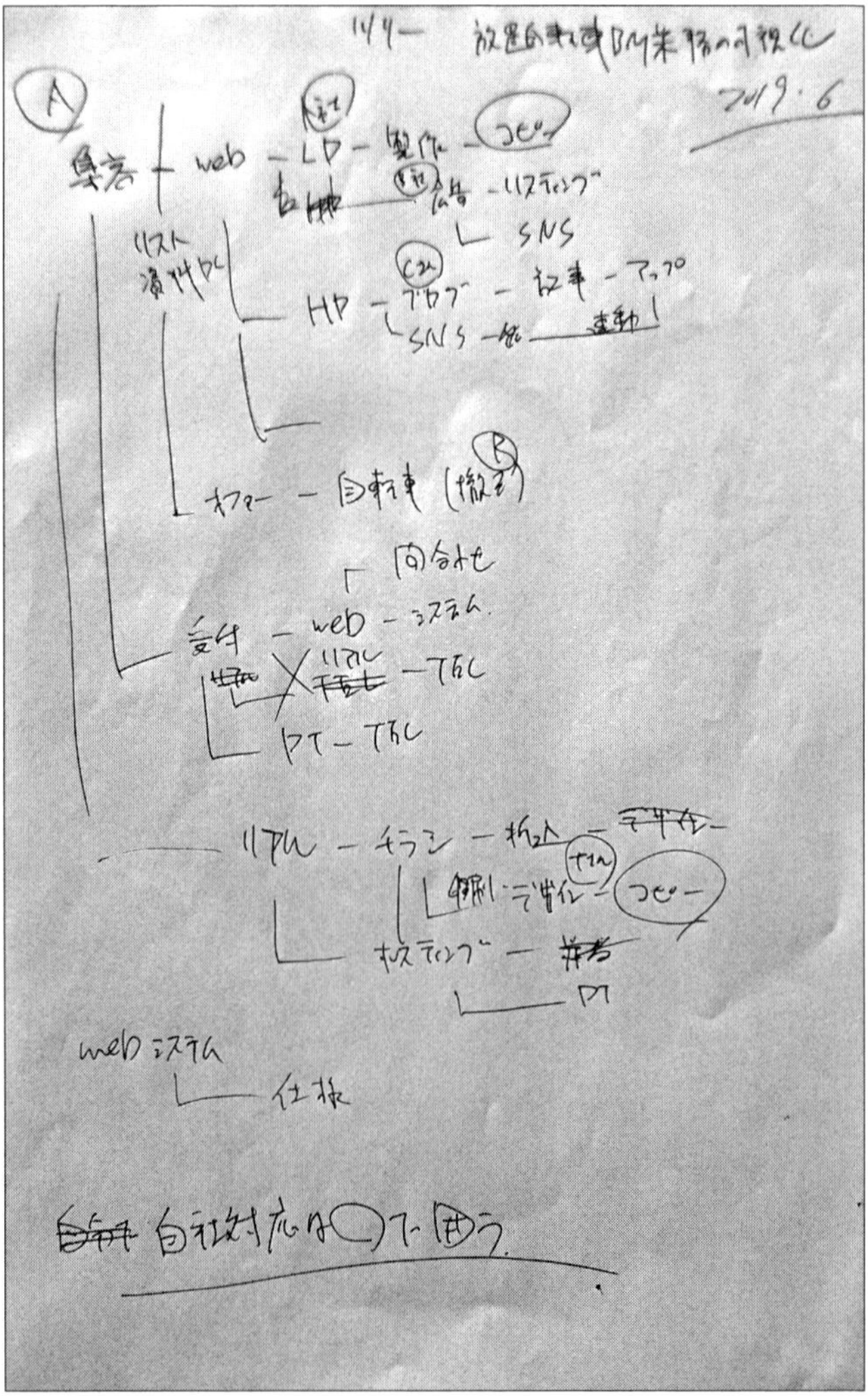
2019.6
web
LP
コピー
リスティング
SNS
HP
ブログ
記事
アップ
web
システム
リアル
チラシ
コピー
ポスティング
DM
webシステム
仕様
自社対応

業務ごと外注するか、その業務自体を無しにするか、作業の一部を外注するかということを決めていきます。

慣れるまでは、どういった業務や作業を外注できるか、仕事として受けてくれるかが分からないと思うので、一旦業務をパーツ化してから考えると良いでしょう。

◆業務は分業でも構わない

例えば、営業という業務を可視化した場合、リスト作成、アポ電、接触、フォロー、クロージングというパーツ（作業）に分かれたとします。ここで**パーツ分けされた作業を、自社で対応するか外注するかを決めていきます。**

これは私たちが実際にやっている営業業務の一例なのですが、リスト作成とアポ電は営業代行会社に外注、接触（資料送付）はアルバイト、フォローは自社及び営業代行会社、クロージングは自社という流れになっています。

クロージングまでのフォローは何度か必要なので、1回目のフォロー、2回目のフォロー、3回目のフォローがあり、メールなどでも定期的に接触をしています。

トークスクリプトや、メールなどの基本的なフォーマットは私が作っています。営業代行会社でもトークスクリプトは作ってくれるのですが、**見込み客と接触する部分はお金に直結するので、できる限り私が作るようにしています。**

トークスクリプトなど、作る時には本気で考えています。チラシなども同じ考えで作っていて、基本的にはフォーマット化された物であったり、スワイプファイルといって、他社のチラシなどをまとめたファイルなどから、良い所を抜粋して切り貼りして作るので、商品やサービスが変わっても、成約率が極端に落ちるということはありません。

この考えは、どの会社だったか忘れてしまいましたが、通信販売大手の方が書かれた書籍か何かで、**今までのチラシをパーツ化しており、それを切り貼りして使用している。そうすると、新人でもそれなりに反応が取れるチラシや案内を作れる**といったことを目にしたからです。この話を読んだとき、「私が求めていることはこれだ」と強く感じたのを覚えています。

パーツ化というのは、どんな業種業態でも必ず活きてくるものですので、まずはお金に直接関係のある箇所から作り上げてください。

BUSINESS 06

誰が対応するか

ビジネスモデルを可視化し、業務と作業のパーツ分けをしたら、誰が対応するか決めていく必要があります。**これらを仕分けすることが、ビジネスを自動化し手離れさせる最終段階となります。**仕分けをすると４つの結論が出ます。

・自社で対応する
・外注で対応する
・ＷＥＢで対応する
・やめる

仕分けの基準は次の４つになります。

・お金に直結することは自社で対応（形ができ上がっている作業はアウトソース）
・不定期に発生したりする細かな作業は自社で対応かやめてしまう（どうしても必要な作業は外注）
・それ以外は基本外注
・ネットで対応可能なものはＷＥＢでの対応へ切り替え

お金に直結してくることとは、最終的にお客さんと接して物事を決める時（販売やクロージング）と考えると良いでしょう。

お金に直結し、すでに形ができ上がっていること（例えばアポ電や資料送付、インターネット広告やランディングページ制作など）は、自社で運用するよりも外注してしまった方が、効率が高まると思います。

外注は高いもの、というイメージがあるかもしれませんが、今はそんなことはありません。インターネットで検索すればいくらでも見つけることができますので、色々と探してみるのもひとつだと思いますし、自分で探すのが面倒な場合は、後述する「オンライン秘書サービス」などを活用して調べてみるのもひとつです。

自社で対応する時のポイント

◆手すきの人間に仕事を当て込むな

パーツ分けができた順から、従業員に仕事の一部を任せたり、外注していきますが、社内で業務を割り振る場合の注意点をお伝えします。

これは良くある話ですが、「事務の○○さんは手が空く時間が結構あるから、何か仕事を与えよう」というものです。**手すきの時間のために仕事をあて込もうとすると、実は本来やらなくて良い仕事を作り出してしまう場合がほとんどです。**

本来やらなくて良い仕事をやらせるということは、物事が複雑になってしまうことを意味しますし、そのどうでもいい仕事が最優先になってしまい、大切な仕事が後回しになってしまうなんてことはいくらでもあります。

物事が複雑になるくらいなら、何もさせない方が間違いなくプラスです。もしくはそのポジションをアルバイトやパートタイマーを活用して時間で切ってしまうか、ポジション自体無くしてしまう（辞めてもらうか外注）のです。

人を入れ替えることができないのであれば、遊んでいる時間帯があってもきちんとやるべき仕事をやってくれているという事実を受け入れ、訳の分からない仕事を抱え込まないようにした方が賢明だと私は思います。

◆人に仕事を当てこむな

従業員に仕事を任せる時にも大企業の常識がはびこり、無意識に多くの人が間違った任せ方をしてしまいます。それは「人に仕事を当てはめる」ということです。

例えば、「佐藤さんはあの仕事が得意だからこの仕事を与えよう」とか「鈴木さんは人と話すのが得意だからこうしよう」という感じです。

人には得手不得手があるので、ある程度その人にマッチした仕事内容になるのは仕方がありませんが、基本的には「仕事に人を当てこむ」ようにしなければなりません。

小売業ですと、ディスプレイなどは必ず必要になる作業です。これは私の経験から分かったことなのですが、整理整頓が得意な人は陳列やディスプレイが上手です。だからといって、仮に陳列が上手な人にだけずっと陳列をさせていては、その人が辞めてしまったら綺麗な陳列はできなくなってしまうということです。

こういう目に見て分かるものは、全て写真に収めるようにします。自分一人の時でも、形として残せるものは残すようにしていくことで、誰かに仕事を任せるときに、後からとても楽になりますのでやってください。

私はリサイクル着物の出張販売をしていた時、レイアウトを全て写真に収めていました。出張販売では場所ごとに広さや形が違うので、レイアウトひとつとっても毎回考えるとなると大変です。だから、写真を撮ってテーブルなどのレイアウトを決めていたのです。こうすることで、他の人間でも悩むことなく対応できるようにしました。

仕事に人を当てはめるという考えは、人の能力に頼らずに仕事を進めて行くということです。**仕事はどんどんAIやロボットやシステムに移行していきますので、これからは「人に頼らない仕組み作り」というのは、ひとつのスキルとして重要になってくると、私は強く感じています。**

08
BUSINESS

外注に対応してもらう時のポイント

◆WEBの活用は必須

ビジネス自動化は、WEBの活用は必要不可欠です。「面倒だな」と感じたことは、一度インターネットで、その**面倒を解決できるサービスが無いかを検索してみると良い**です。あなたが面倒だと感じたことを解決してくれるサービスがあれば、サービスを活用する。無ければあなたがサービスをリリースすればよいのです。

ビジネスの根幹は、誰かの代行です。誰かの悩みを解決してあげることがビジネスとなりますので、**あなたが解決したいサービスがリリースされていないのだとしたら、非常に大きなビジネスチャンスの原石になる可能性がある**ので、徹底的に調べてみると良いでしょう。これでビジネスの種がひとつあなたの元に生まれます。

何か調べ物が定期的に発生する場合は、**「オンライン秘書サービス」**というサービスがあるので、活用するのも良いかもしれません。サービス提供会社によって金額やサービス内容は大きく変わりますが、月額数千円からあなたの代わりに調べ物をしてくれたり、作業をまとめてくれたりしてくれます。

その他業務も外注していくのですが、**ほとんどの業務や作業は外注できると考えてください。**外注先を探すのに一番手っ取り早いのが、「クラウドソーシングサービス」を活用することです。

有名なところは「ランサーズ」や「クラウドワークス」などありますが、多くの企業がクラウドソーシングサービスを提供しています。会社により業種に特化していたりするので、調べてみるのが良いでしょう。

◆外注はどこで探すか

「外注したいと思っても、実際にどこに仕事をお願いして良いか分からなければ、外注のしようがない。」と思う人もいるでしょう。業務や作業のほとんどは、外注できると考えてください。

だからまずは業務の仕分けをしてください。同時進行で外注先を探しても問題ありません。テストの結果を見て外注する場合も同じで、**テストで手ごたえを感じたら、外注していきます。**私が主に専門家も含めて外注先を探すときは、次の3つを活用しています。

・作業の外注は、クラウドソーシングサービスを活用します。
・知識や技術が必要な場合は、インターネットや書籍から専門家を探します。
・結果を出している経営者の知り合いに聞きます。

作業はクラウドソーシングサービスを中心に私は活用しています。副業で対応されるワーカーさんや、フリーランスの方が比較的多いので、単価が安いというのも良いのですが、意識の高い人も多いので、しっかりとした対応をしてもらえます。

中にはお小遣い稼ぎ感覚で、あまりスキルの高くない人もいますが、そういう人は仕事の依頼が減り淘汰されていくので、結果的に良い人が残るのではないかと思います。

クラウドソーシングサービス内では、ワーカーさん同士が仕事の受注するために各自努力をするので、利用者側から見ても利点はあると思います。

◆クラウドソーシングサービスを活用する

外注する業務や作業が決まったら、クラウドソーシングサービスに委託内容を記載して公開すれば、クラウドワーカー（業務を対応してくれる人）から応募が届きます。その中からお願いする人を絞り込んでいきます。

私はいつも、早いもの順である程度決めます。**実際に仕事は依頼してみないと分からないので、悩んでも仕方が無い**という理由からです。

早いもの順だと、パパっと話が進む場合が多いのですが、仕事をお願いするまでのやり取りなどで、レスポンスが遅いとか、ちょっと面倒くさそうな人だなと感じたら、お断りするようにしています。

お断りは、サービス提供会社の方で、定型文が用意されている場合が多いのですが、私はできる限り定型文を加筆修正した文章を使用するようにしています。また、応募いただいた方には極力全員に返信をしています。今回はタイミングが合わずにご縁が無かったとしても、もしかしたら次にご縁があるかもしれないからです。

作業内容にもよりますが、未経験であったとしてもあまり気にしません。それよりも、気持ちよく対応してもらえるかということを、まず優先的に見るようにします。仕事の内容は、実際でき上がってきたものを見るまではわかりませんので、変な人でなければお願いしています。

仕事の依頼は、初めから「この人」という感じで決め打ちせずに、**複数人にお願いしてから、クオリティーやレスポンスを見ながら絞っていくと良い**でしょう。ワーカーさんも、実際に仕事をお願いしたら「やっぱりできません」という人もいますので、最初は何人かにお願いした方がお互い良いと思います。

もちろんですが、やる気があっても、感じが良い人であっても、クオリティーが低い場合はお断りになります。

少し予算がかかってしまいますが、一番初めに仕事を依頼して絞る時には、同じ仕事をお願いするのも良いです。応募された方とのやり取りで5人に絞り込んだら、5人に同じ内容の作業をやってもらうのです。

その対応やクオリティーで、今後の仕事のお願いする頻度など決めていきます。この段階でお断りする人も出てきます。

私はある程度期限が決まっている仕事の場合は、ひとつの作業に対し最低でも2人以上に対応してもらうようにしています。一人に絞ってしまうと、その人が忙しくなったり、体調不良等になってしまったら、納期が遅れて仕事が滞る原因となるからです。**時間はコストですので、リスクを分散する意味でも、複数名で対応してもらうことが理想**です。

基本的に、きちんと仕事をしてくれる人は、他の業務をお願いしても問題なく対応してもらえるので、そういう人に出会えたら、できる限り長くお付き合いできるような関係を構築できるとよいです。

私の場合は、頑張ってくれている方には、単価を上げさせてもらったり、別の仕事を少しだけ高い単価でお願いしたりと、関係維持できるようにしています。

インターネットを介して仕事を依頼する形になるので、顔を合わせることが無い場合がほとんどですが、ワーカーさんは自分たちのパートナーと捉え、きちんと対応するのが礼儀とわきまえ、サービスを活用して欲しいと思います。

BUSINESS 09

WEBで対応する時のポイント

◆WEBシステムを構築する

業務や作業のパーツ分けと仕分け（誰に対応してもらうか）が固まると、後はビジネスを運営していくことに集中することができるようになります。ただ、実際にはこれから細かい修正が出てきます。

ビジネスモデルの可視化ができる様になると、もっとシンプルにできないかという考えが出てきますし、所々に出てくるボトルネックが気になってくるでしょう。その度に業務を修正してくのですが、ここでひとつ提案したいのが、**業務をWEBシステムに移管していく**という方法です。

私たちが展開する放置自転車ビジネスは、撤去依頼、販売の注文、撤去履歴管理、撤去報告書、撤去進捗、現場への段取りなど、全てＷＥＢシステムで対応しています。

これにより電話での販売や撤去の依頼を無くし、WEBで依頼された情報は、アプリとメールを活用して、エリア担当者へ自動で連絡が行き、スケジュール管理もでき、その情報を元に、現場担当者は段取りを整え、依頼に対応するという流れになっています。

WEBシステムを構築したことで、電話対応が無くなった。余計な問い合わせが無くなった。システムに沿った依頼しか受けないので、現場での混乱が激減した。進捗管理が簡単になった。サービスが充実した。依頼する側も簡単になった。スマートフォンでいつでも依頼や確認ができる様になった。結果的に働き方改革につながった。などなど、想像以上のメリットを感じています。

自社でシステムを構築すると、同業他社に有料でシステムを提供したり、販売したりすることも可能となります。もちろん、本格的なWEBシステムではなくても、表計算ソフトのエクセルでマクロ（複雑なエクセルの操作を自動化するための機能）を組んだもので も構いません。

自社で活用できるシステムを構築したということは、同業他社で使用したい人がいるということです。**システムの活用は、人手不足を解消し、人件費を抑え、業務を効率化させていきます。**

経費を抑えて効率化を手に入れられるのであれば、お金を払ってそのサービスを使う人は非常に多いです。実際私も同業ではありませんが、他社が提供しているＷＥＢサービスをいくつも利用させてもらっています。

これは正直、システムを構築し運用した人でなければわかりませんが、人の手をシステムに移行していくというのは、次章で触れるビジネスの次の展開を考えているとしたら、一考するのも良いと私は思っています。

BUSINESS 10

やめるという選択

各パーツを仕分けすると、その業務を本当にやるべきことかどうかというのも仕分けしなければなりません。放置自転車撤去依頼について現在、電話やＦＡＸやメールからの依頼を受けることをやめたのですが、これも業務を可視化した結果、やらないという結論を出したのです。

会社には電話があって、電話で連絡を取り合うということが当たり前すぎて普通は気づきませんが、そこに人が介在するということは、**「電話もサービス」**という捉え方ができるのではないでしょうか。私たちは警察や消防ではありませんので、緊急での対応という連絡は、実はほぼありません。**急ぎの連絡ではないことに、電話という同期型の連絡手段を使う必要がそもそもあるのか？**という疑問を抱きました。

電話がかかってくるたびに、作業の手が止まります。これは邪魔でしかありません。不在折り返しの電話も、先方が不在でお互い中々連絡がつかずに、もどかしい経験をされた方は多いと思いますが、はっきりいってこれはかなり面倒ですし、ムカつきます。

大手企業の社員研修では、「電話はワンコールで出なければならない」という教えがあるようですが、普通の会社や個人事業のレベルでは、大企業のような対応はできません。

しかも、「電話対応が悪い」といった文句を言われることもあります。これは精神衛生上よくありません。また、電話等で人が対応すると、人情的に断りにくい場面が出てきてしまい、ちょっとした無理なら聞いてしまう時も出てしまいます。

こんなことで、**嫌な思いをしたり、ミスやトラブルが生まれるくらいなら、電話というサービスは無くても良い**と判断し、必要な箇所以外には電話番号の表記をしないようにしたのです。今では、毎日かかっていた電話が、ひと月に数件だけと激減しました。とはいっても、少ないながらも電話はかかってきますので、代わりに電話対応をしてもらう、秘書代行サービスを使用しています。

秘書代行サービスは、電話専門で対応してくれるオペレーターなので、まるで大企業のように、とても丁寧に対応してくれます。月々数千円から利用できるので、利用価値は高いと思います。仕事をパーツ化し仕分けをするという概念を持つということは、どんどん業務を絞り込むことができる様になるのです。

CHAPTER 6

ビジネスを自動化したその先の世界

BUSINESS 01

ビジネス自動化で開かれる次のステージ

スモールビジネスの自動化を進めていくと、新しいトビラが開いていきます。

ビジネス自動化が進むことで開くトビラとは、大きく分けると次の5つです。

①ビジネスを複数所有するトビラ
②ビジネスを展開するトビラ
③事業を売却するトビラ
④資産家になるトビラ
⑤引退するトビラ

非現実的で、スケールが大き過ぎるように思われるかもしれません、あるいはそんなことができれば苦労しない、そんな想像したこともない、という人もいるでしょう。

しかし、決して限られた人だけの話ではありません。**過程をしっかりと理解し、ひとつひとつ実践していけば、誰もが達成可能**です。まずはビジネスを自動化していかなければならないので、いきなりこのステージに向かうことはありませんが、スモールビジネスを自動化させるということは、とても大きな可能性を秘めているということは理解して欲しいと思います。

①ビジネスを複数所有するトビラ

スモールビジネスを自動化すると、業種業態に関係なく、ビジネスを複数所有することができる様になります。ひとつの事業につき、各々会社を作っても良いですし、ひとつの会社内で各事業部として運営しても良いです。ただし、スモールビジネスとして運営するのであれば、必要以上に人を増やしたり多店舗展開を考えたりしてはいけません。

私は現在、放置自転車ビジネスのＦＣ本部、起業家・経営支援、インターネットメディア、講演講師・講師派遣及びセミナープロデュースなどの業務を手掛けていますが、基本的には私とサポート２名のみでの運営です。

まるで一貫性のないことをやっているように思われるかもしれませんが、これらのビジネスの根底にあるノウハウは、今までお伝えしてきたことを繰り返し、必要なことは自社、それ以外は外注を活用するという流れになっていますので、**業種業態は変わっても手法や考え方は共通しているので、私的には特に変わったことをしているつもりはない**のです。

もちろん、自分のペースで動くことができており、特に忙しくしているわけではありません。「ひとつのことに集中してビジネスを育てた方が良い」という考え方もありますが、それぞれやっていることに大きな変わりはないので、そこに矛盾は感じないのです。

②ビジネスを展開するトビラ

ビジネス自動化の基本にあるのは、人に頼らない再現性の高いビジネスモデルです。これらは本書でお伝えしてきたことで、作り上げることができる様になります。

何度も例に挙げています。ビジネスを展開するには、放置自転車ビジネスは参考になるはずです。放置自転車ビジネスには、ビジネスの生みの親である稲本勝美氏と私が、いままで培ってきたスモールビジネスのノウハウを注ぎ込み、全国へと展開させています。手前味噌ですが非常に面白いビジネスモデルで、かつ自動化ができています。

③事業を売却するトビラ

自身の所有するビジネスが収益を出していけば、そのビジネスを買いたいという人が現れることがあります。また、高い収益を出せていない段階でも、その将来性に目を付ける人が現れることもあるでしょう。

事業売却と聞くと、「企業が買収されてしまうこと」と、ちょっとネガティブな印象を受けたり、「お金がある会社同士の話でしょ」とか、「儲かってないと無理でしょ」と感じたりする人もいると思います。特に地方の場合、**事業売却に関する情報がまだまだ少ないため、正しい理解を得ていない場合が多いように感じます。**

しかし現実には、後継者不足などの問題によって、個人や零細企業がビジネスを売り買いすることはめずらしいことではなくなっています。政府も事業承継対策に本腰を入れ始めており、心理的にも物理的にもハードルは下がっているように思います。

また、「シリアルアントレプレナー（事業を立ち上げ軌道に乗ったら売却し、また次の事業を立ち上げていく。日本語で連続起業家）」という言葉を耳にする機会が増えました。

事業売買はビジネスの一般的な手法として、これからますます活発化されていくと予想されます。個人的には事業承継の話も含めて、機会があれば事業を売りたいという声を耳にする機会が増えてきています。

私個人の感覚ですが、この背景には一般の人が新規で事業を立ち上げるよりも、今あるビジネスを買ったほうが、リスクが低いという理由があるように思います。

ゼロから起業するには、ビジネスモデルの構築や新規客の開拓など、多くのやることがある一方、**すでに稼働しているビジネスであれば、既にお客さんがいて信用もあり、マネジメントに専念することで収益を得ることができる可能性が高い場合が多い**からです。

そうしたことから、個人でも事業を買いたいというニーズが高まってきているのではないかと感じています。ビジネスを購入したら、ビジネスモデルの可視化から始めて、自動化していけると面白いと思います。

④資産家になるトビラ

ビジネスで稼いだお金を、株や不動産など別の物に投資し資産を構築することで、インカムゲイン（資産を保有中に得られる利益）やキャピタルゲイン（資産を売却した時に得られる利益）を得ることができるようになります。

スモールビジネスからであっても、周囲に資産家と呼ばれるほどの資産を持つことは十分可能です。もちろん事業を複数立ち上げ、キャッシュフローを得るのも立派な資産ですが、**できれば換金性が高い（売買しやすい）資産を持たれると良いかもしれません。**

例えばフェラーリやランボルギーニといった高級スポーツカーは、中古で購入してもほとんど値段が下がりません。それどころか市場価格が高騰し、購入時よりも高く売れることが非常に多いです。

これを私は**「リセールバリューが高い」**と呼んでいるのですが、もう少し身近なものでいうと、物にもよりますが「ロレックス」や「エルメス」といったブランド品は、新品で買っても値下がりしにくいですし、希少な物は買った値段よりも上がりますので「リセールバリューが高い」といえます。ロレックスなどは、仮に壊れてしまっても部品取りとして利用されるので、価値がゼロになることはありません。

現金として持つのであれば、このようなブランド品を物として持つことも、ひとつの選択肢としては良いかと思います。ただし、ブランド品でもリセールが悪い物も多いので、少し気を付けるようにしてください。最近は絵画などのアートも資産として注目を集めているようです。

高額な物は買う時は大変かもしれませんが、一度購入してしまうと、資産として回すことができます。車などは維持費の話も出ますが、実は売却価格で結構ペイできてしまうことが多いです。

日本国内だけで見ると、どのくらいのニーズがあるか分かりませんが、世界でニーズがある物は常に相場の高い所に流れるようになっているので、換金性も非常に高いのです。いずれにしても、資産家として十分な収入を確保するには、色々と越えなければならない壁があります。しっかりとした考えを持って進めていくことが大切です。

⑤引退するトビラ

ビジネスを自動化すると、基本的にはマネジメントを中心にビジネスを回せるようになります。**完全にマネジメントを任せられる人がいるのであれば、選択肢としては引退も十分考えられます。**ただ、この段階までくれば、引退なんていう概念を持ち出さなくても良いくらい、充実したライフスタイルを手にしているのではないかと思います。

私は1年ほど、ほとんど表舞台に出ない時期がありましたが、やっぱり色々とやりたくなったので、引退はまだ先になると思います。

多くの人が、引退という言葉にあこがれのようなものを抱いていますが、時間とお金に余裕があれば、引退なんてしなくても、楽しく日々を送ることができます。実際に稼ぎ始めてしまうと、引退という言葉自体が、空虚に感じるかもしれません。

一般的に引退というと、株や不動産などで資産を作ったり、何かでひと財産を築いたりというイメージを持つ方が多いと思いますが、ビジネスを構築し、ビジネスを自分の手から離れさせることができれば、時間ができますしお金も得られますので、それらを何に使うかはあなた次第ということです。

02 BUSINESS

スモールビジネス自動化の正体

ここまで読まれて、すでに気づいた方もいると思いますが、**スモールビジネスにおけるビジネスの自動化とは、突き詰めると「自社のノウハウを見直し、コンテンツ化し、パッケージングすること」です。**

ノウハウとは、知識、知恵、技術、手法、情報、テクニック、戦略、思考、経験といったもの全般です。あなたが構築するビジネス自動化のノウハウをコンテンツ化し、パッケージングする。これらのコンテンツは、サービスや商品が変わっても、やり方は変わりません。

ビジネス自動化のノウハウを応用することで、複数のビジネスを立ち上げることができるのです。これには、大きな可能性があります。ノウハウとかコンテンツと聞くと、何となく難しく、どことなく怪しい感じを受ける方もいるかもしれませんが、会社が持つマニュアルも同じです。

電話対応マニュアル、接客マニュアル、販売マニュアルなどなど、これらは全て自社のノウハウをまとめ上げたコンテンツです。ビジネスを自動化するには、人の能力に頼らないビジネスモデルを作り上げていくことが必要です。それはノウハウをコンテンツ化してマニュアルに落とし込む作業だといえます。

簡単に言えば、**「ビジネスを通してうまく行ったことをまとめる」**こと。そう考えると、身近に感じられるのではないでしょうか。

03

BUSINESS

本質はノウハウのパッケージング

私が提供するビジネスサービスの中には、ビジネス支援事業もあります。大きくわけて2つ。ひとつは、地方で頑張る中小零細企業のためのデジタルシフト支援です。

AIやIoT、5Gなど、最近はデジタルテクノロジーについてのニュースを聞かない日はありません。業務効率化、生産性向上、新しい商品開発などの側面から、ビジネスにおいてこうした**テクノロジーへの対応は、業界問わず絶対に無視できない要素**です。

しかし特に地方の中小零細企業は、非常に後れを取っているという現状があります。私の拠点は福島と東京の両方にあり、地方と首都の差を肌で感じています。

地方の企業がデジタル化をうまくビジネスに取り入れようとしても、現実はハードルが高かったり、誰に相談してよいかが分からなかったりする。結局地元のホームページ制作業者にお願いしてしまい、全く効果の生まないデジタル化を進めてしまう。そんな状況を数多く見ます。

インターネット黎明期に比べ、デジタル化は非常に多岐に渡っています。**本当に必要な要素だけに絞らなければ、時間的にもコスト的にもキリがありません。**自分たちのビジネスのどの部分を、どれだけデジタルシフトしていくのか。私が持つノウハウを元にアドバイスしています。

そしてもうひとつ。起業家と経営者の支援業です。そのひとつとして、スモールビジネスクリエイトクラブ（SBCC）という会員制のクラブを運営しています。

SBCCとは、スモールビジネスを手段として『時間とお金に縛られない豊かなライフスタイルをクリエイトする』ことを目的に、ビジネス立上げから戦略立案、ビジネス自動化までを徹底的に学び構築する限定会員制クラブです。

SBCCに参加される方は、起業のためのビジネスモデルを構築したい、セールスを強化したい、既存のビジネスを再構築したいなど、それぞれ解決しようと思っている課題が異なります。

ただ、**ビジネスはひとつの問題を解決させたら、全てがうまく行くということはありませんし、複合的に問題が絡んでいたりするので、ひとつ問題を解決できたとしても、次の問題を解決していく必要が出てくるのです。**

まるでモグラたたきのようですがこれが現実です。

コンサルタントに高いお金を払ったが、「何の解決にもならなかった」ということを耳にすることがありますが、それはクライアントが感じている問題と、本来解決するべき問題が違うので、結果に結びつかないということなのです。

私はこれを「表面的な課題」と呼んでいます。**表面的な課題と本来解決するべき課題のズレに気づかないと、ビジネスはどんどん複雑になり、難しくなっていきます。**

私は個々が解決したいと思っている課題は、それほど重視していません。私が提供できることは、スモールビジネスを手段として、ビジネスを自動化し、時間とお金を手に入れること。私塾に集まる方々が求めているのも、本当はそれだけなのです。

初めは色々な不安を抱えていて、解決したい課題はバラバラですが、その多くは表面的な課題でしかありません。それをクリアにしたとしても、本当に求めている結果は手に入れることはできないのです。

個々の課題は一旦置いておいて、求めている結果をきちんと正してあげることで、本来の目的（ビジネスを自動化して時間とお金を手にする）を思い出してもらいます。

みんなの求める結果が同じであれば、そこにたどり着くまでの道筋を伝え、辿っていくだけです。個々の課題を細かく解決するよりも、スモールビジネスの考え方とやり方を正しく理解してもらうことが結果への近道となります。

スモールビジネスは、事業規模もビジネスモデルも小さいがために、本人の思考がダイレクトに結果に反映されます。そのため、その人のマインドセットが何よりも大切になります。その考えを理解してもらうことが、私が伝えるスモールビジネスの効果を最大限に生かし、結果を出してもらうことに直結するのです。

これらは、全て私が今までビジネスで培ってきたことノウハウをコンテンツ化してパッケージングしたものなのです。だから、本当の意味でスモールビジネスを手段として結果を出すためのサポートができるのです。しかも、それを多くの方が求めています。

ビジネスはお客さんが抱えた問題を解決することです。私が培ってきたノウハウが、皆さんに求められ、お役に立つのであれば、それを秘密にする意味は無いと思っています。

BUSINESS 04

事業をパッケージングする

私は現在、放置自転車撤去事業に携わっていることは前述したとおりです。このビジネスは、15年以上前から放置自転車ビジネスに取り組んでいる、ビジネス生みの親である稲本勝美氏と共に、今までの経験をもとに、スモールビジネスとして収益を上げるためにどうすればよいかを追及して、ビジネスモデルを作り上げてきました。

私は自らもそのビジネスモデルを体現しながら、再現性の高いビジネスモデルへとさらに作り上げ、事業そのものをパッケージングし、放置自転車ビジネスパートナー制度として全国組織を構築しています。

「なぜ放置自転車ビジネスのノウハウを公開したのか？」これは良く聞かれる質問なのですが、結論からいうと、全国対応できないからです。

リアルでビジネスを展開するということは、必ず物流が絡んできます。私たちの拠点は、関東と福島を中心にしていますが、自転車を撤去したり販売するというのは輸送コストがかかることを意味します。

自転車を移動させる距離が広くなればなるほど物流コストがかかり利益になりません。このような理由で、どんなに問い合わせをいただいても、遠くの地域は対応できないのです。

では、各地に支店を作って撤去業務を行うのはどうか？　これはヒト・モノ・カネがかかり、複雑化してしまうことを意味します。このやり方は、スモールビジネスとは反対の、会社を大きくするということになるので、私たちが求めるものではありません。

全てを自社で対応するというのは、市場を抱え込みライバルを作るという、今までの商習慣の考えであり、これも私たちが考えるビジネススタイルではありません。

ではどうするか？　そうです。だからノウハウを公開したのです。

例えば、大阪であれば、大阪のパートナーが自転車を撤去しお金に換える。広島であれば、広島のパートナーが自転車を撤去しお金に換えるという、地域密着で地元のパートナーが対応するというやり方を作ったのです。

もちろん、都内や隣接する県も同じです。特に都心は交通渋滞もひどいため、広範囲を1社で対応しようとするには、やはり大変になってきます。

これらの問題を解決するため、放置自転車ビジネスの全ての業務ノウハウをパッケージングし、パートナー制度というものを作り上げ、日本一の放置自転車撤去集団としての実績と信頼を構築したのです。

放置自転車問題に真摯に向き合い、対応できる術を持っているのに、物理的な問題で解決できない。それであれば、**ビジネスという形で多くの人に手助けしてもらい、利益を享受することで、継続して対応してもらえる仕組みを構築したのです。**

こうして、ビジネス自動化を構築した後の、同じベクトルのうえで展開できる、新しいビジネスの形として作り上げることができたのです。

事業パッケージのノウハウは、また新しいサービスとして異業種も含めた他社に、公開することができるようになるので、新たな収益の柱とすることが可能です。

ひ**とつのベクトルでビジネスが固まると、どんどんと横展開ができる様になる**ということは、あなたにとってどれほど大きな利益となって返ってくるかということを理解し、想像して欲しいと思います。

05
BUSINESS

市場の奪い合いという概念は捨てる

放置自転車ビジネスだけではありませんが、**「全てのノウハウを書籍や無料で公開したら、ライバルが増えますよね？」**という声もありましたし、実際にライバルは増えました。でも、どうせ全ての市場を独占することなんてできないのです。

放置自転車も沢山あります。全部私たちだけで対応することなんてできないのです。そもそも、会社を大きくしようという考えが無いので、市場を奪い合おうとしなくても、きちんと利益が取れれば十分なのです。

私たちのパートナーも、スモールビジネスというスタイルで取り組んでいるので、毎月何百万円も何千万円も稼ぐ必要が無いのです。みんなで頑張って放置自転車問題が少しでも解決に向かった方が、楽しいと思うのです。

ノウハウを公開したことで、「こんなビジネスがあるんだ！」と知った人が、私たちのパートナーにならずに、独自でビジネスとして取り組む人がいても全然気にしていません。

このような話をしても、コンテンツサービスをリリースし、実際に売れてみないと、ここでお伝えしていることに対して実感はわかないと思いますが、それは皆さん同じです。

しかし、一度売れることを知ってしまうと、「本当に売れた！」と皆さん喜ばれますし、ビジネスとしての新たな可能性を強く感じるようです。

何より自分が作り上げたノウハウで、他の人が抱える問題がクリアになり、さらに結果を出していく姿を見られるというのは、何よりもうれしいことです。

価値観の変化が著しいこれからの時代は、成功を独り占めするのではなく、成功をシェアすることで、さらに結果を掴むことができるようになると思うのです。**囲い込みのビジネスモデルよりも、共存・共有できるビジネスモデルは、これからどんどん注目されていく**と私は感じています。

おわりに

本書では、ビジネスを手離れさせることを目的として、私がどのような考えと手法により、ビジネスの立上げから自動化までを構築しているかをお伝えさせていただきました。時間とお金の両方を手にしていくことは、難しいように感じるかもしれませんが、実は、ひとつのスキルとして身に着けてしまえば、それほど難しいことではないと感じ取ってもらえたのではないかと思います。

初めから一度に全てを実践していくよりも、まずは自身のビジネスモデルを可視化し、ひとつひとつ仕分けし、可能性のトビラを開けていってください。

ゼロからビジネスを立ち上げる人は、ビジネスを手離れさせるという前提で、テストを重ね、結果を精査し、ビジネスを作り上げていくことが最短で結果を手にしやすいでしょう。私がスモールビジネス自動化のメソッドを、ひとつのスキルとして構築できた理由は、ひとつひとつの課題をどのように解決していけば良いかということを、徹底的に考えて実践していったからです。そこには常に「時間とお金の自由を手にしたい」という思いがありました。

「自由とは責任」です。

初めて起業をした時、「色々な事から制約を受けることなく、自分の思うままに自由に生きて行ける手段を手に入れることができた」と思っていました。しかし、廃業や多くの借金を抱え込んでしまった現実を直視した時、全ての責任を負う覚悟を決めなければ、本当の自由を手に入れることはできない、ということを知ったのです。

自社のノウハウをコンテンツ化するという話や、事業をパッケージングして展開するという話は、もしかしたら抵抗を覚える人がいるかもしれません。それでも正直に全てをお伝えした理由は、どんな形でも良いので、何かひとつでもあなたのビジネスに役立ててほしいからです。それがこの本を書いた私の責任だと思っています。

そしてもうひとつ、私の責任として、ここまで読み進めていただいたあなたに、ビジネス立上げ、ビジネスモデルの構築、自動化していく過程、コンテンツ化など、どこかで難しいと感じ、動きがストップしてしまいチャンスを逃すことがないよう、有益な情報発信と共に4大特典を巻末にご用意させていただきました。

放置自転車ビジネスに興味を持たれた方、ＳＢＣＣ（スモールビジネスクリエイトクラブ）に興味を持たれた方、ビジネス自動化に興味を持たれた方、それぞれ抱く興味や、解決したい問題は違うかもしれませんが、最終的に手にしていただく結果は、「時間とお金に縛られないライフスタイル」です。

お金が全てではありませんが、お金があれば様々な場面で選択肢を増やせます。時間があれば、それだけで生活にゆとりが生まれます。今、あなたはその両方を手にする術を知ったのです。

あなたがスモールビジネスを手段として、心豊かなライフスタイルを手にされたいのであれば、特典を受け取っていただき、ビジネスに活用していただければ嬉しいです。

スモールビジネスはあなたのイメージ次第で、いくらでも可能性を広げていくことができます。あなたも時間に縛られずに年収数千万円の道を選び、歩き始めることを心より願っております。

中村裕昭

読者限定 豪華④大特典

特典1
プロの声優とナレーターが本書の全文を読み上げ「耳でも学べる」オーディオブック

作業中や移動中に聞いているだけで学べます！
通常、別途販売されるものが無料

ナレーター：釜范亮・児島けいこ・宮下巧・宮島知穂

PASS：「 nakamura 」で下記サイトより入手

特典2
著者中村自身が本書を基にさらに具体的な「ビジネス自動化構築法を解説」動画

スモールビジネス構築の秘訣をさらに深く知る！
心豊かなライフスタイルを手にしてください

特典3
**放置自転車ビジネス丸わかり動画資料 ＋
放置自転車ビジネスセミナー優待（期間限定）**

放置自転車ビジネスの全容を知ることができる動画！
最小のリスクで最大の結果を導き出す秘訣を知れます

特典4
**中村裕昭出版記念セミナー音声 MP3
「心豊かなライフスタイルを手にする方法」**

時間とお金に縛られないライフスタイルを手にする！
スモールビジネスを手段として次のステージへ

ダウンロードURL

https://bizsupport.jp/auto

特典は予告なく終了とさせていただく場合がございます。

著者紹介
中村裕昭（なかむら ひろあき）
ゲートプラス株式会社代表取締役。日本唯一のスモールビジネスクリエイター。1975年福島県生まれ。高校卒業後、和食職人を経て26歳の時に服飾店を開業するも1年で廃業。借金・どん底から再起を図るため、独自の戦略とビジネス構築術を編み出し、着物リサイクル事業を立ち上げわずか3ヶ月で地域一番店の地位を確立。現在は放置自転車問題解決、ビジネス支援などの事業を中心に、講演講師や複数のプロジェクトに携わる現役の起業家ながら「時間とお金に縛られないライフスタイル」を構築。それらのメソッドを基に後進の指導育成を行う。放置自転車事業では業界トップの組織を全国に展開。社会問題とビジネスを結びつけた手腕は業界内外で高い評価を得ている。近著に『あと3ヵ月でどうにかお金を稼ぎたいと思ったらスモールビジネス戦略だ!』（こう書房）など多数。
ゲートプラス　https://bizsupport.jp

小さな会社で大きく稼ぐ!
最強のビジネスモデル

2019年10月18日　初版第一刷発行

著　者　中村裕昭
発行者　宮下晴樹
発　行　つた書房株式会社
〒101-0025　東京都千代田区神田佐久間町3-21-5　ヒガシカンダビル3F
TEL. 03（6868）4254
発　売　株式会社創英社／三省堂書店
〒101-0051　東京都千代田区神田神保町1-1
TEL. 03（3291）2295
印刷／製本　シナノ印刷株式会社

ISBN978-4-905084-36-5